DICIONÁRIO DE PSICODRAMA E SOCIODRAMA

Dados Internacionais de Catalogação na Publicação (CIP)
(Câmara Brasileira do Livro, SP, Brasil)

Menegazzo, Carlos M.
  Dicionário de psicodrama e sociodrama / Carlos María Menegazzo,
Miguel Angel Tomasini, María Mónica Zuretti; [tradução Magda Lopes,
Maria Carbajal, Vera Caputo]. – São Paulo: Ágora, 1995.

Bibliografia.
ISBN: 978-85-7183-468-2

1. Psicodrama 2. Psicodrama – Dicionários 3. Psicoterapia de grupo
I. Tomasini, Miguel Angel. II. Zuretti, Maria Mónica. III. Título.

95-1319   CDD-616.89152
                                                             NLM-WM 430

Índice para catálogo sistemático:
1. Psicodrama: Dicionários: Psicoterapia: Medicina 616.89152
2. Sociodrama: Psicodrama: Dicionários: Psicoterapia: Medicina 616.89152

EDITORA AFILIADA

Compre em lugar de fotocopiar.
Cada real que você dá por um livro recompensa seus autores
e os convida a produzir mais sobre o tema;
incentiva seus editores a encomendar, traduzir e publicar
outras obras sobre o assunto;
e paga aos livreiros por estocar e levar até você livros
para a sua informação e o seu entretenimento.
Cada real que você dá pela fotocópia não autorizada de um livro
financia um crime
e ajuda a matar a produção intelectual em todo mundo.

DICIONÁRIO DE PSICODRAMA E SOCIODRAMA

Carlos María Menegazzo
Miguel Angel Tomasini
María Mónica Zuretti

EDITORA
ÁGORA

Título original em língua espanhola
DICIONÁRIO DE PSICODRAMA Y SOCIODRAMA
Copyright © 1992 by autores
Todos os direitos desta tradução reservados por Summus Editorial

Tradução: **Magda Lopes**
Maria Carbajal
Vera Caputo
Revisão técnica: **Sérgio Perazzo**
Capa: **Ettore Bottini**

Editora Ágora

Departamento editorial
Rua Itapicuru, 613 – 7º andar
05006-000 – São Paulo – SP
Fone: (11) 3872-3322
Fax: (11) 3872-7476
http://www.editoraagora.com.br
e-mail: agora@editoraagora.com.br

Atendimento ao consumidor
Summus Editorial
Fone: (11) 3865-9890

Vendas por atacado
Fone: (11) 3873-8638
Fax: (11) 3873-7085
e-mail: vendas@summus.com.br

Impresso no Brasil

SUMÁRIO

Introdução, 7

Dicionário, 13

Bibliografia, 223

INTRODUÇÃO

Os colegas que comigo realizaram este trabalho incumbiram-me da tarefa de escrever esta introdução; certamente porque fui eu o iniciador do projeto e o coordenador dos diversos grupos que, ao longo de tantos anos e de etapas tão distintas, colaboraram neste empreendimento.

Na verdade, a história deste dicionário segue paralela ao advento do psicodrama na Argentina. Acabei aceitando a proposta de María Mónica Zuretti e Miguel Angel Tomasini, que, assim como eu, consideraram que três prólogos resultariam em algo, no mínimo, maçante. Por isso, eis-me aqui fazendo um pouco de história.

A idéia deste trabalho surgiu aos poucos, a partir de 1963, junto com minhas primeiras inquietações concernentes ao psicodrama. Naquela ocasião, após cinco anos de formação no Centro Universitário de Teatro da Universidade Nacional de Buenos Aires — U.N.B.A., eu estava dirigindo o Centro de Estudos Teatrais da Fundación Ateneo de la Juventud. Aquelas experiências foram muito importantes para mim, e nelas compartilhei, com os companheiros instrutores e alguns discípulos, entre muitas outras coisas, a preocupação de continuar nossas pesquisas nas disciplinas dramáticas. Na época, o psicodrama era, para nós, apenas um caminho, com certeza extremamente interessante, no vasto fenômeno do campo teatral.

Neste período, que foi de 1961 a 1967, surgiu a possibilidade de planejar um programa para uma Universidade de Teatro (creio que pela primeira vez na Argentina), uma vez que a Fundación Ateneo de la Juventud ia ser integrada à Universidade Católica Argentina — U.C.A. Este projeto e esta proposta das autoridades aumentou mais ainda nosso entusiasmo de sistematização, articulação e pesquisa. Certamente, como tantas vezes ocorre em nossa América Latina, este projeto, como outros, também foi abortado. (Devem ser lembrados os fenômenos universitários da década de 1970 e os temores daqueles funcionários que, em Buenos Aires, já preparavam a invasão do campus.)

Naquela ocasião, as obras de Moreno estavam sendo traduzidas para o espanhol e, desde 1961, tinham começado a ser editadas em Buenos Aires. O pensamento predominante nas escolas psicológicas argentinas da época era, sem dúvida, o psicanalítico, e, nesta linha, a tendência dominante era a kleiniana. Além disso, o grande desenvolvimento do psicodrama na França, na década de 1950, também começava a nos oferecer uma ampla bibliografia. Mas, quanto ao neologismo técnico próprio da prática psicodramática, circulavam apenas alguns glossários bastante rudimentares.

Foi por isso que, naquela época, decidi começar um fichário. Nele eram às vezes inseridos meros enunciados e, outras vezes, termos um pouco mais elaborados, e inclusive alguns conceitos bem elaborados. Em 1967, quando a Associação Ontoanalítica Argentina me encarregou da disciplina "Dinâmica de Grupo e Técnicas Grupais", na Escola de Psiquiatria e Psicoterapia, o fichário começou a ter maior envergadura. Este trabalho foi me mostrando a verdadeira dimensão das idéias de Moreno, consideradas a partir das bases filosóficas, antropológicas, sociopsicológicas e médicas que sustentam sua trama profunda. Em 1969, dois amigos — Bonoli Cipoletti e Julio Rodríguez — encarregaram-me da formação e coordenação de diversas equipes de terapia, controle, aprendizagem e treinamento em psicodrama, no Instituto Arturo A. Ameghino, de Buenos Aires. Foram anos muito fecundos em termos de trabalho. Estou convencido de que aquela foi a primeira escola gratuita de psicodrama da Argentina. Nela se formaram vários coordenadores de grupo e psicodramatistas atualmente reconhecidos em nosso meio. Com eles, surgiu a idéia de difundir os conhecimentos sedimentados, e o fichário começou a se transformar no projeto de um dicionário.

Em 1970, com a chegada de Jacob e Zerka Moreno a Buenos Aires, por ocasião de um congresso internacional, a muitos de nós, envolvidos com o psicodrama, foi transmitido, além de seus abraços calorosos, um grande entusiasmo. Enquanto isso, nosso trabalho nos hospitais começara a proporcionar a nós, do grupo argentino, a possibilidade de nos reconhecermos, de sabermos quem era quem, o que cada um estava fazendo e qual linha seguia. Havíamos também começado a escutar uns aos outros (embora ainda não muito) — o que já era um bom começo. Na verdade, havia muito barulho em torno dos dogmatismos. Seja como for, o trabalho hospitalar — árduo e difícil — também foi muito enriquecedor, pois foi por meio dele, fundamentalmente, que começamos a nos aproximar.

Mas, em março de 1976, foi-nos proibido o trabalho hospitalar. O psicodrama e a psicoterapia de grupo eram considerados suspeitos e foram perseguidos. Alguns colegas chegaram a suspender o trabalho em grupo até na esfera particular. Transformou-se em um trabalho clandestino.

Foi isso que acabou nos unindo, porque aqueles que continuaram trabalhando estavam muito sós. Eu conhecera Mónica em 1969, pouco antes do congresso de que participaram os Moreno. Em 1977, reencontramos Zuretti e começamos a pesquisa sobre coincidências, a que dei o nome de *Diálogos com Mónica*. Parecia título de filme de Bergman, mas eram conversas e, às vezes, discussões muito divertidas sobre temas psicodramáticos. Pouco tempo depois decidimos trabalhar juntos, ensinando psicodrama, e daí nasceu o Instituto de Psicodrama Buenos Aires. Foi lá, naturalmente, que este dicionário foi tomando forma. No Instituto, também colaboraram conosco (de forma irregular) alguns discípulos da época (hoje já colegas), do mesmo modo que aconteceu comigo na época do Instituto de Saúde Mental Arturo Ameghino.

No final da década de 1970, as reuniões dos diferentes grupos dedicadas ao psicodrama foram se tornando cada vez mais freqüentes, e a partir de uma primeira convocação em nossa

sede foi tomando corpo aquela que hoje é a Sociedade Argentina de Psicodrama. Depois disso, muitas coisas aconteceram.
Em 1985, a enorme tarefa de preparação e realização do Encontro Internacional de Psicodrama, em Buenos Aires (agosto de 1985), ocupou todo o espaço da reflexão e impediu o andamento tranqüilo do dicionário... Foi uma confusão! Tanto que, em novembro de 1985, concordamos em fechar o Instituto que havíamos criado. A partir daí, meus caminhos pessoais tomaram outro rumo. Ficou, no entanto, o compromisso de terminar e publicar este dicionário, em que tanto havíamos trabalhado. Na última etapa, Miguel Angel Tomasini ocupou o lugar de terceiro interlocutor no trabalho reflexivo e pudemos prosseguir o trabalho, já bastante afastados do tumulto e com nossa privacidade resgatada.
Deste modo, o projeto pôde amadurecer e está hoje sendo apresentado ao leitor. Achar um editor foi também uma tarefa complexa, mas isso já é outra história (tão óbvia em nosso meio crítico que não vale a pena nos determos nela). Na verdade, do jeito que as coisas andam na Argentina, é uma façanha que uma editora aceite o desafio desta publicação.
Para terminar, quero chamar a atenção dos nossos leitores para o fato de que este trabalho foi realizado com o objetivo de somar linhas de pensamento, pois todas elas, embora diferentes, e até mesmo por isso, enriqueceram o trabalho psicodramático. Também é verdade que, todas as vezes que elas foram usadas para nos ocultarmos sob a rigidez dramática, houve muitos problemas e alguns desentendimentos.
O que nós, autores, esperamos é que este trabalho, que pretende sedimentar o múltiplo e ordená-lo de modo articulado, não se transforme, por sua vez, em um novo instrumento para atingir a meticulosidade escolástica e a rigidez. Seria realmente uma pena.
Nesta primeira edição colaboraram com os autores, as seguintes pessoas: Mario Giuffrida, Alejandro Rotbart; Susana Blanchod, Liliana Fasano, Viviana Galkin, Adriana Callejas, María Elena Molina Zuviría de Zuretti; Virginia Pandolfelli de Urruty; Silvina N. Venturino; Marta Figueredo e Oscar A. Cunese. A todos, o nosso sincero agradecimento.
Enfim, graças aos contatos feitos em congressos e encontros internacionais, propusemos aos colegas e amigos de diversos países que trabalhássemos em uníssono. Concordamos

que a tarefa devia transcender a mera tradução do texto original para os diversos idiomas. O verdadeiro desafio devia centrar-se na busca da articulação dos conceitos essenciais, elaborados durante anos por diversos grupos de reflexão psicodramática. Tratar de integrá-los em um tronco comum, a partir dos quatro pontos cardeais. Sérgio Perazzo coordenou a tradução para o português. Do mesmo modo, outras equipes estão trabalhando em regiões de língua francesa, italiana, inglesa e alemã. Em Buenos Aires, a tarefa de supervisão e integração de todas essas propostas conceituais, está a cargo de Mario Giuffrida, Miguel Angel Tomasini e Marta Figuerero. Estou convencido de que a riqueza de tantas fontes de criatividade pode confluir em um instrumento muito útil. Isto nos permitirá cimentar essa cultura psicodramática que, há muitos anos, estamos construindo juntos.

Carlos María Menegazzo

A

ABSURDO

Aristóteles deu à palavra absurdo o sentido estrito de impossível, por ser contraditório à razão. A partir dessa definição, em filosofia, é dado a esse termo o seguinte significado: aquilo que não encontra lugar no sistema de crenças a que se faz referência; aquilo que está em contradição com algumas dessas crenças. Para o existencialismo, absurdo é a substância do nada — o não-ser. Em geral, utiliza-se o adjetivo absurdo para qualificar algo contrário e oposto à razão.

Em psicodrama, há um tipo de enfoque chamado tática do absurdo (ver TÁTICA DO ABSURDO).

AÇÃO

Em termos gerais, entende-se por ação qualquer exercício de uma potência. Também é denominado ação — no sentido original — o efeito de qualquer ato.

Em psicodrama, é denominado ação o conjunto de atitudes, movimentos, gestos e palavras que os atores (protagonista e egos-auxiliares) representam no cenário psicodramático durante as interações dramáticas.

Deste modo, a ação é o desencadeamento de processos de emissão concomitantes e co-implícitos, em diferentes níveis. É o conjunto de mensagens — coincidentes ou dissonantes entre si — emitidas em diversos códigos durante a interação, com o objetivo explícito de serem percebidas, mas que também podem expressar algum significado controlado de modo consciente ou inconsciente para que não se manifeste (ver AÇÃO DRAMÁTICA).

AÇÃO DRAMÁTICA

A ação dramática é a condição indispensável da representação dramática. Entende-se por ação dramática o desenvolvimento do conflito dramático durante uma representação dramática. Se não houver conflito dramático, nunca haverá ação dramática (ver CONFLITO DRAMÁTICO).

A ação dramática é o processo em si e o desenvolvimento dos opostos conflitantes nele contidos, uma totalidade da qual fazem parte os opostos conflitantes. É um verdadeiro e típico processo dialético, no sentido de que, em seu desdobramento, cada momento remete sempre a uma passagem anterior, da mesma forma que está gerando a posterior, para a qual se prepara e se dirige. Como devir, é, em si, a síntese de todas as etapas do conflito dramático e a soma de todas as unidades de opostos que nele vão se desenvolvendo. É também o próprio encadeamento dessas unidades de opostos. É uma força que parte de um ponto e se dirige a um outro, durante a representação. Sua essência não pode ser captada em um momento, mas só depois de se ter realizado a totalidade do seu desdobramento. O percurso subdivide-se em pequenas unidades de ação, cada qual denominada unidade dramática (ver UNIDADE DRAMÁTICA).

AÇÃO REPARATÓRIA

Termo criado por Sérgio Perazzo, para designar o momento da dramatização em que um papel imaginário conservado se transforma em papel psicodramático espontâneo e criativo, abrindo caminho para a catarse de integração. O termo ação reparatória define um fenômeno psicodramático diferente do termo reparação, de origem psicanalítica e introduzido por Melanie Klein e cuja configuração é muito precisa. Por sua vez, o termo psicodramático, catarse de integração, só pode ser definido dentro de um processo evolutivo e, portanto, não pode ser aplicado apenas a um momento específico de uma dramatização.

ACIONISMO

Neologismo utilizado por Moreno que, outras vezes, no mesmo sentido, usa a palavra *atismo* para distingüir entre suas propostas e os marcos referenciais da reflexologia, do behaviorismo, do gestaltismo e da psicanálise.

Os dois termos pretendem assinalar e designar uma síntese significante. Eles englobam todos os métodos de ação, as técnicas de ação e as investigações sobre a ação do psicodrama, do sociodrama e do *role playing*. A palavra acionismo sintetiza tudo que se desenvolve, se manifesta, gesticula, aparece como figura e se transforma, objetivando confluir no ato criador.

ACTING-IN

(Ver DRAMATIZAÇÃO.)

ACTING-OUT

(Ver ATUAÇÃO.)

ADEQUAÇÃO DA RESPOSTA

É a ação de dar uma resposta apropriada a uma situação determinada (ver SITUAÇÃO). Em psicodrama, essa categoria da conduta está relacionada com os conceitos de liberdade, espontaneidade e criatividade, trabalhados por Moreno.

A adequação da resposta dramática é uma das características essenciais e uma das formas da espontaneidade (ver ESPONTANEIDADE). Nas descrições morenianas, o termo adequação tem um sentido claramente axiológico, sendo expressamente utilizado por Moreno no sentido da justeza dos valores intrínsecos à própria ação; nunca, como às vezes se quis entender, no sentido de acomodação ao *status quo*.

A adequação da resposta dramática é característica só da ação resultante de uma atitude espontânea do indivíduo. Essa qualidade é conseguida por uma mobilidade e flexibilidade peculiares ao protagonista, uma vez que tenha conseguido se livrar de sua fixação em antigas formas de comportamento. Essa característica ou tipo de conduta é indispensável a todo ser que, como o ser humano, se desenvolve rapidamente. O meio ambiente, sempre em mutação, nunca se apresenta ao ser por antecipação, e este, portanto, precisará estar sempre se adequando a ele.

AGENTE TERAPÊUTICO

Em psicodrama, o coordenador ou diretor não é o único agente do processo terapêutico. Conforme o momento, cada membro do grupo pode ser esse agente. Durante uma sessão, sempre que alguém desenvolve suas cenas pessoais no cenário, e trabalha como protagonista para reestruturar seus próprios mitos, está assumindo o papel de agente terapêutico; em primeiro lugar, em relação a si mesmo; em segundo, em relação aos demais, que integram a caixa de ressonância.

Em psicodrama, o ego-auxiliar também desempenha uma função importante, como agente de transformação, no processo terapêutico. Quando o papel é assumido por profissionais especificamente treinados para a tarefa psicodramática, esta função obtém altos níveis de adequação, mas também costuma ser alcançado um excelente resultado com o trabalho de ego-auxiliares espontâneos (ver EGO-AUXILIAR), escolhidos pelo protagonista entre seus próprios companheiros de grupo.

É importante assinalar que, durante os comentários ou na etapa do aquecimento, cada membro da caixa de ressonância pode assumir o papel de agente terapêutico em relação a outro integrante do grupo. Portanto, qualquer indivíduo ou vários ao mesmo tempo — ou ainda todo o grupo — podem assumir esse papel a qualquer momento.

Quanto mais o diretor do psicodrama se incumbir da função de facilitador eficaz de todo o processo desencadeado, mais adequadamente ele assumirá seu papel técnico e instrumental. Um bom diretor deve cumprir sua tarefa, fundamentalmente, como um bom orquestrador de todos os agentes que, constantemente, o próprio processo vai pondo em marcha. Essa multiplicidade operativa é uma das características essenciais do método. A riqueza co-terapêutica que estamos assinalando é algo peculiar à modalidade de trabalho psicodramática.

(Ver CACHO DE PAPÉIS.)

AGRUPAMENTO DE PAPÉIS

AMNÉSIA INFANTIL

Uma das características do primeiro universo infantil, que Moreno denominou matriz de identidade, é a amnésia infantil, que a criança apresenta em relação àquilo que lhe aconteceu durante sua primeira infância. Em geral, as lembranças biográficas de um indivíduo têm início aos três anos. Excepcionalmente, quando há alguma recordação mais antiga, ela aparece com o estado de ânimo com que foi registrada, mas a própria ação e os personagens que dela participaram ficam muito difusos. Moreno afirma que essa amnésia não pode ser explicada apenas pelo fato do neoencéfalo se desenvolver, em todos, após o palencéfalo, e tampouco pelo processo de mielinização. A amnésia compreende processos evolutivos infantis em que o córtex cerebral da criança já alcançou graus notáveis de desenvolvimento, assim como ocorre no processo de mielinização.

Assim mesmo, Moreno considera que a explicação desse fenômeno na teoria psicanalítica e no estudo de mecanismos inconscientes, tais como a repressão, não esgota a compreensão do fenômeno da amnésia infantil. Ele contribui para o tema com uma visão adquirida junto à teoria dos papéis.

Segundo essa teoria, assim como na primeira fase da matriz de identidade, que ele denominou fase total indiferenciada, o sincretismo inicial exclui qualquer possibilidade de um papel observador que funcione na criança como registro posterior. Na fase total diferenciada, a criança também tende a se esgotar em cada um de seus atos. O papel observador surge tardiamente no ego infantil (ver EGO OBSERVADOR).

ANÁLISE

Etapa do comentário (ver COMENTÁRIO).

ANGST

Termo cunhado por M. Heidegger *(O Ser e o Tempo)* e utilizado a partir de então na filosofia existencialista para designar o sentimento de "ser jogado no mundo". Com esse enunciado, Heidegger quis significar muito mais do que angústia ou ansiedade — como quiseram interpretar alguns ensaístas posteriores. O vocábulo foi originalmente usado para designar o sentimento preciso que aparece no homem **apenas quando ele é capaz de enfrentar o próprio Nada**. Trata-se, portanto, da soma total de temores indefinidos que compreendem tanto a alienação quanto o isolamento, o impedimento, o desaparecimento e a morte. Na passagem do *Angst*, da esfera irreal para a esfera real da consciência, e só quando esse estado de ânimo é aceito pelo indivíduo como um sentimento seu, ele pode chegar a ser capaz de enfrentar seu nada e iniciar, a partir daí, o caminho que vai levá-lo a ir assumindo a responsabilidade necessária, por exemplo, para transformar a posição de alienação e de isolamento, e, desse modo, poder encarar o sentido profundo da própria existência. Além disso, esse processo inclui a aceitação da própria condição de finitude.

O pensamento antropológico de Moreno reconhece a influência da filosofia existencialista de sua época. Entre outros, Kierkegaard foi um dos filósofos que marcou profundamente a visão do criador do psicodrama.

Apesar de Moreno muitas vezes divergir, em seus escritos, dessas correntes de pensamento, sua antropologia pode ser interpretada, em última análise, como uma visão existencialista inserida numa corajosa tentativa pós-romântica, cheia de romantismo mesmo à sua revelia, que quer, portanto, superar — por todos os meios ao seu alcance — a contrafigura desse mesmo romantismo: o ceticismo da época. Por este motivo Moreno tanto discutiu com o pensamento cético, para o qual finalmente confluíram, entre outros, Kierkegaard, Heidegger e Sartre. Abbagnano situou conceitualmente essa atitude filosófica na categoria de um existencialismo negativo. A atitude antropológica de Moreno, ao contrário, estaria situada mais na corrente de pensamento que Abbagnano denominou existencialismo positivo (ver EXISTENCIALISMO).

Desse modo, podemos compreender porque o conceito de angústia aparece, em Moreno, elaborado no sentido de um estado de espírito que só emerge, como sentimento, no ser humano, quando nele a espontaneidade e a criatividade não conseguiram surtir seu efeito no desdobramento do seu projeto de existência. Em outras palavras, isso acontece quando essas funções não se efetivaram do modo adequado. Como podemos ver, essa concepção de angústia se atribui claramente um caráter de sintoma de não-realização humana, e é exatamente isto que define a indiscutível posição existencialista de Moreno.

Por tudo que foi dito, é interessante o analogismo entre o conceito de *Angst*, cunhado por Heidegger, e o conceito de fome de transformação (ver FOME DE ATOS, FOME DE TRANSFORMAÇÃO), que é, segundo Moreno, a ansiedade básica que promove no ser humano a sua multiplicidade de aspectos e formas de vincular-se que o impulsionam rumo à sua própria possibilidade de mudança, no desdobramento de seu próprio projeto existencial.

ANSIEDADE BÁSICA

É função da espontaneidade, seu impulsionador ou tensão. É a função que impele o recém-nascido — emerso de um universo fechado, finito, interligado, como o ambiente do útero materno — a efetuar o primeiro ato respiratório no novo universo aberto, a emitir os primeiros sons que alertam seu egoauxiliar natural para sua fome, a sugar para se alimentar etc.

No primeiro universo infantil (matriz de identidade), esse impulso apresenta características muito peculiares (ver MATRIZ DE IDENTIDADE TOTAL INDIFERENCIADA). No indivíduo adulto e amadurecido, a fome de atos infantil fica reduzida a um resíduo básico. Já não apresenta as características infantis, mas continuará sendo o impulso da espontaneidade adulta. Moreno denominou essa forma adulta da ansiedade básica fome de transformação (ver FOME DE TRANSFORMAÇÃO). Quando a espontaneidade diminui ou desaparece, a ansiedade básica vem à tona, deslocada como ansiedade existencial ou assumindo compulsivamente as características da ansiedade neurótica (ver ANSIEDADE NEURÓTICA) ou aparecendo sob a forma de outros sintomas.

ANSIEDADE EXISTENCIAL

As formas genuínas da ansiedade aparecem em um indivíduo quando a fome de transformação (ver FOME DE TRANSFORMAÇÃO) não é canalizada para o desdobramento do projeto de uma existência determinada. Segundo Moreno, a liberdade é a fonte da criatividade. Quando a fome de transformação não

é canalizada nesse sentido, e a espontaneidade diminui — cortando a criatividade —, a ansiedade básica extrapola seus limites e aflora genuinamente como ansiedade existencial. Nesse sentido, a ansiedade existencial é um sentimento autêntico que assinala a limitação do projeto existencial de um determinado indivíduo. As formas genuínas dessa ansiedade existencial são:
 1. Ansiedade de finitude ou consciência de ter de morrer sem ter conseguido desenvolver o próprio projeto existencial profundo;
 2. Ansiedade de ter-se tornado culpado; é a experiência existencial de se sentir culpado por alguma omissão ou por algum ato em particular, concreto e definido, que expresse a alienação geral da existência. Trata-se de um sentimento de culpa genuíno, perante algum ato ou omissão cuja responsabilidade a pessoa não tem possibilidade de negar, embora o elemento destino esteja sempre nele incluído;
 3. Ansiedade de vazio, que resulta de uma falta de significado da própria vida. Quando a própria existência não tem significado, a ansiedade básica transforma-se em sentimento de vazio.
 As ansiedades existenciais aparecem quando a espontaneidade diminui. Se a resposta a uma situação for adequada, a ansiedade diminui ou desaparece. Quando a ansiedade básica de transformação humana é limitada e não se traduz em formas genuínas da ansiedade existencial, que funcionam como alarme, aparecerão então ansiedades neuróticas (ver ANSIEDADE NEURÓTICA) ou sintomas.

ANSIEDADE NEURÓTICA

Quando um indivíduo se vê compelido a um desdobramento inadequado de sua tendência de transformação rumo à sua própria transcendência, e, além disso, nega ou reprime os autênticos sentimentos da ansiedade existencial (ver ANSIEDADE EXISTENCIAL) que costumam assinalar esses entraves, mais cedo ou mais tarde vai canalizar de modo deslocado e compulsivo essa ansiedade básica de transformação (ver ANSIEDADE BÁSICA), e, assim, ela assumirá a forma da ansiedade neurótica.

ANTAGONISTA

É o elemento ou a pessoa que desempenha o papel que confronta ou se opõe ao objetivo do protagonista, numa ação determinada. É ele que desempenha o papel complementar oponente e conflitante, que enfrenta o protagonista na ação dramática.

ANTROPOLOGIA VINCULAR

É a disciplina que considera a capacidade do homem de se relacionar. A antropologia vincular articula de forma integrada — a partir de concepções epistemológicas afins — a antropologia filosófica (G. Marcel, N. Abbagnano, E. Paci, P. Prini, L. Binswanger, P. Ricouer, R. Kush, C. Cullen, P. Geltman, G. Rebok, H., Mandioni etc.), a bioantropologia e o neoevolucionismo (Teillard de Chardin, E. Morin, F. Monod, F. Jacob etc.), os desenvolvimentos recentes da teoria psicanalítica das relações objetais (M. Klein, P. Rivière, D. W. Winnicott, J. Boulby, S. H. Foulkes), a psicologia profunda dos arquétipos e seus modernos desenvolvimentos no ancestral (C. J. Jung, V. Rubino, C. Menegazzo, H. Castellá, M. A. Tomasini, R. Usandivaras) e a teoria do télico profundo de Moreno e seus continuadores.

Esse corpo integrado de teorias fornece um modelo que possibilita superar a ênfase, até hoje tão predominante em nossa cultura, no pólo individual das vincularidades.

AQUECIMENTO

Aquecimento é a primeira etapa de toda sessão de psicodrama, assim como de qualquer outro procedimento dramático (sociodrama, jogos de papel etc.). São sinônimos: pré-aquecimento, colocação em ação e/ou *warming up*. No psicodrama, é a preparação para a sessão, que torna possível o aparecimento do protagonista. Suas subetapas são o **aquecimento inespecífico** e o **aquecimento específico**.

O aquecimento inespecífico começa com cada sessão e termina quando aparece o protagonista. Nessa primeira subetapa podem ser percebidos momentos claramente distintos: frio inicial; apresentação de problemas pessoais; interação; emergente grupal comum; e escolha do protagonista.

O aquecimento específico começa no momento em que aparece o protagonista e articula a primeira etapa da sessão de psicodrama à segunda, em que ocorre a dramatização (ver DRAMATIZAÇÃO). Nessa segunda subetapa do aquecimento, podem também ser observados momentos distintos: redistribuição (ver REDISTRIBUIÇÃO); contrato dramático (ver CONTRATO DRAMÁTICO); preparação dramática (ver PREPARAÇÃO DRAMÁTICA) e inversão de papéis preparatórios com um elemento da cena a ser dramatizada.

AQUECIMENTO, agentes do

Quaisquer integrantes do grupo terapêutico e mesmo todo o grupo podem ser agentes do aquecimento. Qualquer instrumento do psicodrama pode ser utilizado como agente de aquecimento. Portanto, os agentes de aquecimento podem ser os seguintes: o grupo (aquecimento centralizado no grupo); o grupo, estimulando um de seus integrantes; um dos integrantes, estimulando o outro; um dos integrantes propondo ser o protagonista; o diretor; um ego-auxiliar; o estímulo do cenário vazio etc.

AQUECIMENTO, formas de

Pode haver diferentes formas de iniciar uma sessão de psicodrama. Na forma **centrada no grupo**, o aquecimento pode ser realizado a partir das interações verbais, gestuais ou posturais dos integrantes do grupo, por associações em cadeia ou coletivas. Outras vezes, o grupo subdivide-se, naturalmente, em subgrupos de interação, que podem não se integrar logo em um grupo total; neste caso, essa integração deverá ser tarefa do coordenador. Na forma **dirigida**, o processo pode ser iniciado por determinadas instruções (*consignas*) do diretor, por determinadas características suas ou de qualquer outro integrante do grupo. O seu desencadeamento também pode partir de um **tema** pertinente a todo o grupo.

AQUECIMENTO, processo de

É preciso diferenciar processo de aquecimento de etapa de aquecimento. O indivíduo nunca pára o processo de aquecimento, que continua mesmo entre as sessões, paralelamente ao processo de elaboração psicodramática.

Quando Moreno descreve o nascimento e o utiliza como modelo arquetípico para seu método, diz que, para que a criança possa nascer, é preciso que um verdadeiro processo se ponha em marcha. Só existindo esse processo poderão ter início todos os atos preparadores do parto e poderá ocorrer o ato do nascimento. Este desencadear de diversas confluências é um verdadeiro desdobramento de fatores de espontaneidade. Moreno insiste em que o processo de aquecimento manifesta-se em qualquer expressão do organismo, sempre que um ser humano se esforça para realizar um ato, e que isso ocorre como foi descrito em seu modelo. Para ele, todo processo de aquecimento tem **uma expressão somática, uma expressão psíquica e uma expressão social.**

A expressão somática dos processos de aquecimento se evidencia nas áreas focais ou zonas (ver ZONA) que funcionam como iniciadores físicos de qualquer ação (por exemplo, a zona de vínculo boca-bico do seio para o aquecimento do papel de sugador).

Um processo de aquecimento pode ser anulado por um processo de aquecimento de outro papel, se este segundo processo de aquecimento tiver alcançado um grau maior e, portanto, um alcance maior, comprometendo o aquecimento do primeiro processo.

A partir dessas observações, Moreno desenvolveu modos terapêuticos de operação e sistematizou técnicas do psicodrama. Essas investigações originais sobre os processos de aquecimento foram definindo e distinguindo o aquecimento inespecífico, o aquecimento específico e o aquecimento para o papel, tal como os conhecemos atualmente.

AQUECIMENTO, táticas de

São técnicas de colocação em ação do grupo, a partir de estímulos introduzidos pelo diretor, e podem ser, por exemplo: atividades prévias (brincar, comer, relaxar, expressar-se corporalmente etc.); ordens (*consignas*) que estimulam percepções sensoriais; ação de algum outro instrumento (do ego-auxiliar); utilização de objetos intermediários; técnicas verbais; técnicas não-verbais de interação; utilização do silêncio significativo; utilização da expressão verbal; técnicas como o duplo, o espelho, a caricatura etc.

AQUI E AGORA

Assim são denominados o lugar e o momento em que está ocorrendo uma ação — quer se trate de simples expressão postural, de ato gestual ou de enunciado verbal. Em psicodrama, é necessária a diferenciação permanente, com a maior clareza possível, do "aqui e agora" grupal e do "dramático".

AQUI E AGORA DRAMÁTICO

É o lugar e o momento da dramatização. Pelas características e pelas leis da representação dramática, tudo que acontece no cenário psicodramático desenvolve-se em um aqui e agora muito especial: o tempo e o espaço próprios da dramatização.

Qualquer que seja o tempo explorado por um protagonista, no contexto dramático, quer se trate de uma cena que ele situa em seu passado biográfico imediato ou remoto, quer ele considere uma cena prospectiva em quaisquer de seus futuros possíveis, estará vivenciando esse tempo "como se", no aqui e agora imaginário de sua representação dramática.

AQUI E AGORA GRUPAL

É o lugar e o momento delimitado pelo contexto grupal, em que ocorrem as interações entre os diversos componentes do grupo. Essas interações poêm em jogo determinados papéis sociais e seus complementares.

Os deuteragonismos e antagonismos praticados pelos integrantes do grupo, como membros de uma mesma micro-sociedade reunida para tal fim, sempre implicam o desempenho de outros papéis, tais como os psicossomáticos e os familiares, que compõem e integram, em cada um dos participantes, o fundamento ou o elemento básico de cada papel social. Por isso, cada ação que ocorre no plano social está também impregnada, aqui e agora, de outros papéis que se referem a outros acontecimentos que impregnam fasmaticamente o aqui e agora grupal, por imposição dos fenômenos de transferência.

O trabalho com essas cenas ou figuras dramáticas, que denominamos de cenas nucleares conflitantes, pode ser realizado no aqui e agora da representação dramática no cenário, permitindo que se realize o processo de constante reestruturação da percepção no aqui e agora grupal.

(Ver CENÁRIO.)

ÁREA DA SIMULAÇÃO

ARTE DRAMÁTICA

É a disciplina que estuda os instrumentos e as leis da representação dramática, e descreve suas formas, seus fundamentos e seus objetivos. A arte dramática é o conjunto de teorias concernentes ao conhecimento do drama e da representação dramática. As técnicas dramáticas, ao contrário, são simplesmente as formas através das quais busca-se a promoção de fatos dramáticos determinados; as técnicas dramáticas têm por base a arte dramática.

A primeira lei da arte dramática e seu princípio essencial é a lei do "**como se**". De acordo com esse princípio, tudo que acontece no tempo e no espaço da dramatização é ficção ou simulação. Todos se adequam a essa situação, tanto os atores quanto os espectadores. A representação dramática é um ato de comunicação entre o ator e a platéia (ou espectadores); o ator, em seu papel, tende a promover a ressonância na platéia. Se isso não acontecer, não há drama.

A representação dramática é uma atividade que tem como objetivo gerar um ato (ou atos) de compreensão. Ao possibilitar confrontos antagônicos, permite que se atualize na consciência aquilo que até então era desconhecido para ela.

Sendo a ação dramática um processo que tende à integração totalizante, as representações dramáticas são atos de participação mediante os quais os atores, a caixa de ressonância e o diretor (no caso do psicodrama) são verdadeiros executantes do ato dramático.

Para que ocorra um fenômeno dramático, devem necessariamente estar incluídos (para conseguir atingi-lo) **todos** os instrumentos que lhe são essenciais. Sem essa confluência, nunca poderá surgir o fato denominado representação dramática. O ponto de partida da ação (drama) é um conflito; se não há conflito, nunca haverá ação dramática.

ATEMPERAÇÃO

Para alguns autores, atemperação é sinônimo de aquecimento (ver AQUECIMENTO); para outros, o termo é utilizado no sentido de amainar o que foi hiperaquecido; diminuir a intensidade do papel, para poder investigá-lo dramaticamente, de modo mais preciso, beneficiando assim a própria dramatização, com maior rendimento operacional.

ATEMPORALIZAÇÃO

Técnica psicodramática que dá ao protagonista a oportunidade de transpor cenicamente os limites do tempo. Por exemplo: em uma cena do passado, ele é solicitado a falar a uma platéia, situada no presente ou no futuro, sobre outra época; em uma cena que explore o presente ou o passado imediato, ele é solicitado a falar com personagens deuteragônicos ou antagônicos do passado remoto.

Essa técnica é muito útil em psicodrama, em determinados momentos do programa psicodramático, especialmente quando se está trabalhando com a intenção de modificar um mito pessoal recém-aflorado em uma cena nuclear conflitante (ver CENA NUCLEAR CONFLITANTE) do protagonista, assinalando para isso as diferentes vertentes da catarse de integração (ver CATARSE DE INTEGRAÇÃO).

ATISMO

(Ver ACIONISMO.)

ATITUDE IDEODRAMÁTICA

O termo atitude é geralmente utilizado em filosofia, sociologia e psicologia contemporânea, para indicar qualquer orientação seletiva e ativa do ser humano perante uma situação. Dewey considerou o termo sinônimo de "hábito" e "disposição". Em seu *Dicionário de Filosofia*, Nicolás Abbagnano define a atitude como o projeto de comportamento que permite proceder a escolhas de valor constante perante uma determinada situação.

A atitude ideodramática é a disposição do diretor de psicodrama concernente ao seu próprio comportamento durante seu desempenho na situação dramática. Com essa atitude, o diretor coloca-se disponível para o protagonista, atento ao que ocorrer, fenomenologicamente, na própria ação. Durante todo o processo do programa psicodramático, ele estará atento às chaves dramáticas que vão aparecendo, colocando sempre suas hipóteses a serviço do processo dramático, e não o processo a serviço de suas teorias.

A característica ideodramática é uma qualidade essencial em um programa psicodramático adequado (ver DRAMATIZAÇÃO).

ATIVISMO

Para alguns autores, o ativismo costuma estar relacionado com o atualismo (ver ATUALISMO). No entanto, Abbagnano insiste na necessidade de diferenciá-lo claramente.

O termo atualismo designa a teoria metafísica segundo a qual a realidade é ato ou atividade, enquanto ativismo indica a atitude ideológica (às vezes produto de uma racionalização ou tentativa de teoria filosófica) que tem como princípio a subordinação de todos os valores — inclusive a verdade, às exigências da ação. A doutrina atualista é uma forma de idealismo e, para sermos mais exatos, de idealismo romântico. Quando esse idealismo romântico é alienado, pode acabar decaindo e se transformando em ativismo. A crença de que a ação, por si mesma, pode produzir as condições de seu sucesso e se justificar de forma absoluta, é uma de suas tendências típicas. Esse é o núcleo fundamental do ativismo, que pode ser encontrado em algumas correntes filosófico-ideológicas que tentaram justificar políticas não distantes de nós.

O ativismo, como atitude decadente, assumiu como princípio a subordinação de todos os valores, inclusive o valor da verdade, às exigências da ação política. Esse princípio desembocou finalmente no nazismo e no stalinismo, para citar apenas algumas políticas que se esconderam sob a racionalização ideológica do ativismo. No próprio pragmatismo, em um primeiro momento, W. James declarou que a ação é a medida da verdade do conhecimento. Foi a má interpretação desse conceito que, inclusive, permitiu depois justificar determinadas proposições morais teoricamente injustificáveis. No entanto, as análises empíricas de James e Dewey poderiam esclarecer de que forma a ação está sempre condicionada pelas circunstâncias que a provocam. Destaca-se, assim, a íntima relação entre a situação que constitui o estímulo e os limites de sua eficácia e da liberdade da própria ação. É isso que faz com que a ação deixe de estar unicamente ligada ao sujeito. Ela não está ligada unicamente ao sujeito e não é apenas nele que encontra seu princípio. Essa concepção deixa claro o erro e a miopia do ativismo. Sem essas contribuições à questão, pode-se chegar a desconsiderar as coisas às quais a ação deve também se adequar.

Moreno pode ser relacionado ao atualismo; jamais ao ativismo. Esses esclarecimentos são importantes para sustentar conceitualmente o sentido daquilo que Moreno indica em sua concepção de espontaneidade.

ATO

Em filosofia, a palavra ato tem diversos sentidos — de acordo com a noção a que for comparada. Como oposto de fato, que não implica na intervenção da vontade humana, o ato exige necessariamente essa vontade e, nesse sentido, só o ser humano realiza atos. Como oposto de potência, na linha da terminologia aristotélico-tomista, ato é aquilo que realmente acontece, enquanto potência é somente uma virtualidade ou possibilidade, como se pode ver no exemplo clássico da árvore e da semente. A árvore é o ato que estava em potência na semente. Continuando com esse conceito, poderíamos dizer que o Ser no qual nada existe em potência, Ser que é puro ato, é Deus. O homem, pelo contrário, é um contínuo devir — uma existência que acontece em um desdobramento de potências que, pouco a pouco, irão ou não se atualizando. O ato, quando oposto de estado, é considerado um salto — uma passagem da posição de passividade a uma conduta ativa.

O nascimento, concebido por Moreno como modelo em sua metodologia operativa, é um ato cujo sentido engloba os conceitos filosóficos de ato até aqui expostos.

Na psicologia de Brentano, o ato é investigado como ato intencional e como tal enfatizado. É ato intencional aquele que tem conteúdo determinado. Essa psicologia dá mais ênfase ao ato de sentir, imaginar, querer, de que ao conteúdo desses atos, as sensações, as imagens, as coisas desejadas etc.

Na teoria dos atos e das vivências de Husserl, o ato é definido como a orientação da consciência (intencional) para os objetos, tanto os do mundo transcendente quanto os da esfera imanente.

Os atos são classificados por Husserl como: atos atualmente objetivantes e atos potencialmente objetivantes.

Segundo esse filósofo, os primeiros são os atos orientados diretamente para os objetos, e os últimos são indiretamente orientados. Ele divide os atos orientados diretamente para os objetos em: ponentes ou posicionais e neutros. E aqueles orientados indiretamente são divididos em: rogativos, desiderativos, imperativos e volitivos.

Nessa classificação fenomenológica, os atos atualmente objetivantes posicionais são aqueles que partem da certeza da existência do objeto para o qual se orientam. Segundo Husserl, esses atos objetivantes posicionais são: as percepções de orientação transcendente, nas quais estão também incluídos seus modos de **retenção** ou **lembrança primária** e a **expectativa sensível** ou **prototensão**, assim como os modos posicionais da intuição essencial e da intuição emocional (este último enunciado sob a forma da terminologia scheleriana).

Por outro lado, os atos atualmente objetivantes, de tipo neutro, são os atos de: **imaginação** ou atos de orientação neutra singular (Husserl, "Idéias I", parágrafos 112 a 114, e Sartre, *O Imaginário*, p. 194); e **significação**, que é a orientação universalmente neutra para os objetos, como as proposições nominais, os conceitos e as proposições enunciativas.

A classificação fenomenológica dos atos, tão exaustivamente trabalhada por Husserl, é muito útil — como fundamento teórico no psicodrama moreniano — quando aplicada ao estudo fenomenológico dos atos fundantes, tanto para a compreensão dos processos de mudança no psicodrama evolutivo como para a explicitação dos atos de transformação nos processos de catarse de integração (ver CATARSE DE INTEGRAÇÃO).

Segundo J. P. Sartre (*O Ser e o Nada*), o ato, como representação, é a concessão de um objeto à consciência. Ele se refere, dessa forma, aos atos de conhecimento, tais como perceber, julgar, enunciar etc. Entretanto, o ato pressupõe o sentido do movimento e, nesse caso, se identifica com uma ação (ver AÇÃO).

Seja como for, o ato tem sempre expressa uma relação dialética de trânsito, quer se trate de um trânsito ideal — como no caso do conhecimento — quer de um trânsito real — como na ação própria à praxis.

No caso da representação, ou seja, no caso do significante e do significado, ambos são radicalmente atos — no sentido de um desvelamento gnosiológico do dado.

ATO CATÁRTICO

(Ver ATO DE COMPREENSÃO, CATARSE DE INTEGRAÇÃO.)

ATO CRIADOR

Ato criador é aquele que, em determinadas circunstâncias, produz, naquele que o realiza, e no meio que o cerca, uma modificação adequada (ver ADEQUAÇÃO DA RESPOSTA).

Moreno considera a passagem da vida intra-uterina à vida autônoma como o primeiro ato criador, e, em seus trabalhos, descreve esse ato como a primeira escolha espontânea entre a vida e a morte.

O ato criador e fundante do nascimento dá início, para cada ser humano, a uma seqüência de atos que deverão acontecer no decorrer da vida. Conseqüentemente, a sucessão de muitos atos criadores produzirá o desenvolvimento existencial de um indivíduo em particular.

Segundo Moreno, assim como o ato criador do nascimento humano não deve ser considerado um mero fato de a pessoa ser jogada no mundo, ou um salto estarrecedor no vazio, e sim como uma passagem que é realizada com a ajuda de outra pessoa e em conjunto com os ego-auxiliares naturais, todo ato criador, a partir deste, deverá ser entendido como um ato que nos une ao outro — um ato de encontro.

ATO DE COMPREENSÃO

É o ato pelo qual o ser humano obtém conhecimento ou conscientização de sua situação peculiar na realidade — tanto no que trata da relação consigo mesmo ou com o outro quanto de sua própria possibilidade de mudança (transcendência). Esse ato é composto de três momentos co-implicantes e coexistentes: um momento **intelectual** ou **simbólico**, um momento **emocional** ou **catártico** propriamente dito, e um momento **axiológico** (ver CATARSE DE INTEGRAÇÃO).

ATO DRAMÁTICO

Em arte dramática, entende-se por ato dramático a unidade destacável da figura cênica em movimento, que, por sua vez, é destacável da totalidade do processo da ação dramática (ver AÇÃO DRAMÁTICA). Por exemplo: na figura cênica de uma luta, pode ser destacado o ato dramático de uma estocada.

ATO FUNDANTE

Segundo Moreno, o ato é anterior à palavra e a inclui. Com essa frase, ele resgata o poder terapêutico da mimese.

Em psicodrama, ato fundante é o surgimento de qualquer papel que, pelo simples fato de emergir, inicia o indivíduo em um novo modo de ser e em uma nova maneira de se vincular. Esse conceito vale tanto para o ato que acontece durante a evolução biográfica quanto para o que acontece durante o processo terapêutico.

ÁTOMO CULTURAL ORIGINÁRIO

O átomo cultural originário pertence à matriz familiar (ver MATRIZ FAMILIAR). É o denominado originário porque, a partir dele, ficam estabelecidas as normas de conduta da personalidade individual, e aí são estruturados os papéis originários: filho-mãe-pai. Esses papéis desenvolvem-se a partir de dois elementos insubstituíveis: as atitudes básicas adquiridas durante o desenvolvimento do átomo cultural primigênio (ver ÁTOMO CULTURAL PRIMIGÊNIO) e a estrutura do átomo social real (ver ÁTOMO SOCIAL REAL), formado pela família — principalmente pai e mãe.

O conceito de zona, vínculo físico na matriz de identidade, desloca-se para as relações e para os vínculos afetivos na matriz familiar. As atitudes básicas adquiridas na matriz de identidade permitirão a assunção correta de novos papéis a serem desenvolvidos na matriz familiar continente.

ÁTOMO CULTURAL PRIMIGÊNIO

O átomo cultural primigênio é instituído na matriz de identidade (ver MATRIZ DE IDENTIDADE), em que mãe e filho, como um todo inseparável, se fundem em uma unidade (por exemplo: amamentação). O vínculo físico possibilita a função e também os atos primigênios dos papéis psicossomáticos (ver PAPEL PSICOS-SOMÁTICO), constituindo o que se denomina zona (ver ZONA). Os papéis maternos que se originam no átomo social real (ver ÁTOMO SOCIAL REAL) são os que oferecem a complementaridade necessária ao desenvolvimento de todos os papéis que compõem o átomo cultural primigênio. Este se estrutura quando os papéis psicossomáticos sustentados e complementados pelo ego-auxiliar, pertencentes ao átomo social, emergem e começam a se desenvolver.

ÁTOMO CULTURAL SOCIAL

O átomo cultural social pertence à matriz social (ver MATRIZ DE IDENTIDADE). É configurado pelos papéis sociais ou derivados. O surgimento e o desenvolvimento dos papéis sociais têm como base o desempenho e o intercâmbio que estabelecem com seus papéis complementares, exercidos por outros papéis significativos de seu mundo. O processo de configuração desse átomo fundamenta-se nos átomos primigênio e originário já constituídos, que aqui se enriquecem.

O átomo cultural social está sujeito a inúmeras modificações que podem enriquecê-lo ou empobrecê-lo, conforme a constituição dos átomos sociais reais com os quais entre em contato. Nos sucessivos átomos sociais reais, a integração do átomo cultural social dependerá do átomo cultural e da maneira própria e particular como se vinculou a matrizes anteriores, onde intervieram as atitudes básicas, os papéis originários e todos os papéis adquiridos.

ÁTOMO SOCIAL PERCEPTIVO

Denomina-se assim a soma de todos os átomos reais de cada matriz, internalizados pelo desempenho de papéis como átomos social perceptivos parciais e pela soma dos novos modelos ou formas de vinculação de cada nova situação elaborada. Um determinado átomo social perceptivo parcial, correspondente à matriz de identidade, é enriquecido pelo átomo perceptivo parcial da matriz familiar, e ambos seriam a base do átomo social perceptivo, que se desenvolveu na matriz social, em constante evolução e mudança. Resumindo, o átomo social perceptivo é a confluência dos sucessivos átomos perceptivos parciais de cada matriz.

Em um trabalho psicodramático, quando o átomo perceptivo do protagonista é modificado e corrigido, modifica-se sua situação sociométrica no grupo, e se esclarece o papel psicossomático originário ou social em conflito.

ÁTOMO SOCIAL REAL

Moreno o definiu como "o núcleo de relações que se formam em torno de cada indivíduo" (J. L. Moreno, *Fundamentos de Sociometria*), ou seja, formam-no todos aqueles que desempenham papéis complementares necessários em relação ao indivíduo. Segundo Moreno, é a menor estrutura social.

Em cada novo átomo social em que o indivíduo se insere, ele desempenhará um papel e estabelecerá seus vínculos de acordo com o processo de aprendizagem desse papel em seu átomo cultural (ver ÁTOMO CULTURAL SOCIAL) e tratará de encontrar o papel ou os papéis complementares com os quais realizará a interação. O átomo social é um fato, não um conceito, pois é constituído de pessoas reais que compõem o mundo pessoal afetivo do sujeito, suas relações tele (ver TELE).

Os contornos do átomo social têm características evanescentes, que às vezes parecem se limitar aos indivíduos que dele participam; outras vezes, relacionam-se com aspectos de outros átomos sociais, formando cadeias complexas de inter-relações denominadas redes sociométricas (ver REDE SOCIOMÉTRICA), e que podem adotar formas muito variadas, conforme sua extensão, composição, estabilidade e duração. O contorno externo do átomo social é formado por todas as pessoas com as quais o sujeito deseja se associar, assim como por aqueles que, segundo um critério definido, desejam a ele se associar. A estrutura interna é constituída pelas atrações e rejeições do sujeito, concernentes a cada um dos indivíduos de seu círculo; a essas atrações e rejeições devem também ser acrescentadas aquelas de que é objeto o indivíduo em questão.

O átomo social pode ser estudado segundo duas perspectivas: partindo do **indivíduo**, em direção à sociedade. Observaremos, então, como seus sentimentos irradiam em várias direções, ao encontro de indivíduos que a ele reagem com simpatia, antipatia ou indiferença. Esse é o aspecto psicológico do átomo social; partindo da **coletividade**, em direção ao indivíduo. O átomo social está centrado na coletividade e, do ponto de vista da coletividade, pode-se reconhecer as formações socioatômicas ou redes sociométricas.

Para estudar a estrutura do átomo social, contamos com o teste sociométrico (ver TESTE SOCIOMÉTRICO). Esse átomo será diferente, conforme o critério utilizado no teste (profissional, sexual, racial etc.). Todos os agrupamentos reais a que o sujeito pertence formam um átomo social total.

ATUAÇÃO

Moreno utiliza esse termo para definir o atuar irracional da própria vida. Ele diferencia *acting-out* ou *irrational acting-out* de *acting-in*. Define o primeiro como "o atuar irracional da própria vida". Segundo Moreno, esse tipo de atuação caracteriza-se por sua absoluta irracionalidade, peremptoriamente dominada pela impulsividade, e por isso carece de quaisquer das nuances próprias da espontaneidade (ver ESPONTANEIDADE). Carecerá, também, tanto de **qualidade dramática** quanto de **originalidade, criatividade** e **propriedade**. É, portanto, a ação peculiar que sempre está defasada do contexto situacional em que acontece (ver CONTEXTO).

Sempre que nos encontramos diante do *acting-out* irracional de um indivíduo, estaremos presenciando o ressurgimento de um papel estereotipado, um papel que tenta reeditar, com sua ação, uma velha situação, própria de **outro contexto**. A emergência desse papel ou conjunto de papéis sempre acontece em um modo peculiar de aquecimento. Nesse aquecimento, o que se reedita, em cada atuação, será a reiteração — muitas vezes obscura e difícil de elucidar — de um papel de uma matriz inadequada, diferente da matriz que se apresenta aqui e agora (ver MATRIZ). Para se completar a leitura desse tipo de atuação, ela também deve ser relacionada aos seus conceitos de tele e transferência (ver TELE, TRANSFERÊNCIA).

O *acting-out* irracional é uma ação que se dá, total e exclusivamente, na estrutura comunicacional da transferência. Uma atuação propriamente dita pode emergir não somente no contexto social da vida, mas também — com as mesmas características — em pleno contexto terapêutico grupal. Quando isso acontece, se não se agir metodologicamente, sua tendência reiterativa manter-se-á inalterada. Nenhum *acting-out* irracional, *per se*, pode ser capitalizado, nem como aprendizagem nem como experiência. Mantém-se como simples recidiva de uma tendência constante do atuar irracional, e voltará a se reiterar sempre que o processo de aquecimento reincidir no mesmo tipo de estímulo (ver PATOLOGIA DO AQUECIMENTO). O mesmo acontece no modelo proposto por Zerka Moreno, do sulco e da roda no caminho enlameado; quanto mais rápido e com mais potência girar a roda, mais ela afundará no sulco, que irá se aprofundando. O *acting-out* pode ser transformado em *acting-in* (dramatização) quando é levado ao contexto dramático e nele enquadrado. O psicodrama oferece, assim, a possibilidade de transformar o *acting-out* em *acting-in*. Moreno define o *acting-in* como uma atuação controlada e terapêutica, e utiliza essas expressões como sinônimos de dramatização psicodramática. Nesse segundo sentido, atuação é, para Moreno, sinônimo de dramatização. A dramatização é a atuação controlada e terapêutica que, no psicodrama, busca a catarse libertadora e o treinamento da espontaneidade.

ATUALISMO

Doutrina filosófica que afirma o caráter ativo de toda realidade, em especial a realidade humana. A realidade é vista como atividade constante. Por isso, a partir desse princípio, o atualismo metafísico transforma a realidade em um fluxo contínuo. Essas doutrinas têm origem em Heráclito; nesta linha encontra-se também a doutrina de Gentile, que deriva do idealismo alemão e afirma que o ego se ativa, cria a si mesmo e constrói o absoluto. Todas as doutrinas atualistas são formas de idealismo e, mais precisamente, de idealismo romântico. Eutten, Blondel, Nietzsche e o pragmatismo podem ser situados nesta corrente. Em todas essas linhas pode ser encontrado um denominador comum: a consideração de que a verdade derradeira pode ser alcançada, de maneira única e fundamental, através da ação, e jamais só através da inteligência.
 Essas correntes de pensamento circulavam em Viena na época da formação de Moreno. Algumas delas tiveram uma influência fundamental sobre ele, especialmente as correntes do empirismo inglês e do romantismo alemão, que representavam as duas vertentes ativas do pensamento europeu de sua época.
 Em oposição à frase "No princípio foi o ato", que Goethe havia colocado na boca de Fausto e que o atualismo utilizou

como princípio, Moreno disse: "No princípio foi o encontro". Embora esse enunciado mostre a influência do hassidismo e de Buber (filósofo moderno do hassidismo), mostra também que ele estava profundamente influenciado pelas idéias doutrinárias do atualismo.

ATUAR

Moreno entende por atuar o movimento de atemperação (ver ATEMPERAÇÃO) na busca de um estado emocional, ou seja, aquecer-se para a espontaneidade. Portanto, em psicodrama, atuar é a ação dramática realizada pelo protagonista, no cenário psicodramático, quando ele desempenha seus próprios papéis e os papéis complementares para conseguir expressar a máxima espontaneidade possível. Para desenvolver essa ação dramática, deve-se trabalhar continuamente com o processo de atemperação, no qual uma ação será o aquecimento (ver AQUECIMENTO) da ação que virá depois.

AUDITÓRIO

(Ver PLATÉIA.)

AUTO-APRESENTAÇÃO

Assim é denominada a técnica psicodramática que facilita a apresentação de um ou de cada um dos integrantes do grupo. É uma técnica muito simples, quando usada no momento adequado do processo de aquecimento, num clima de calorosa solidariedade grupal. Consiste em sugerir que cada protagonista se apresente e apresente, junto, seus familiares, amigos e todos os complementares significativos de sua vida cotidiana.

AXIODRAMA

Moreno assim denominou a sessão de psicodrama em que o trabalho é especificamente dirigido ao processo de elucidação de determinados valores. Nas seqüências cênicas dessas sessões, o núcleo das dramatizações tende a girar fundamentalmente em torno das aspirações axiológicas da psique. Por exemplo, diferentes critérios de solidariedade, justiça, verdade, perfeição ou beleza entram em dissonância, opondo-se antiteticamente, para encontrar a síntese que permitirá a criatividade, a produção e a transformação axiológica.

B

BIOANTROPOLOGIA

Com base nas novas concepções epistemológicas, que têm superado as falsas dicotomias do orgânico e do inorgânico, da natureza e da cultura, do humano e do inumano, das ciências naturais e das ciências humanas, têm aparecido diversos trabalhos interdisciplinares (com contribuições da física, biologia, antropologia, psicologia, etologia, filosofia e ecologia) que confluem em uma nova disciplina, denominada bioantropologia.

É uma nova concepção evolutiva do homem, centrada no princípio da unidade — que contém em si mesmo o princípio da diversidade — e deste modo supera a cilada que vai do pólo de um racionalismo psicológico radical concernente à vida ao de um antropologismo sobrenatural, irremediavelmente solitário para o homem, pois o separa do substrato animal que o sustenta.

Nesses novos enfoques bioantropológicos, a natureza humana é compreendida e concebida com base em três linhas principais:

A idéia da **auto-organização**, característica evolutiva e essencial da vida (Maturana, Varela).

A **lógica da complexidade**, que vai se estruturando mediante as leis da sintropia (Fantappie. Denominada por outros autores de sinentropia).

A idéia da **intercomunicação** e da inter-relação constante entre as diferentes estruturas e subestruturas biológicas. Partindo dessas três linhas cardeais, a bioantropologia articula o biológico e o antropológico, colocando a chave da cultura em nossa natureza, e a chave da nossa natureza na cultura. Nessa nova visão, a busca do limiar do humano não está limitada às sociedades arcaicas, mas se aprofunda em múltiplos "nascimentos", das raízes da hominização ao limiar de nosso futuro. Nela, o homem não é visto como o denominador comum *Homo sapiens*, que leva em conta as características unidirecionais do ser técnico e racional; ele é visto como o continuador de quem já havia elaborado ferramentas e cultura, pois estas lhe foram transmitidas por seus predecessores, e o *Homo sapiens* apenas as aperfeiçoou.

A bioantropologia vê o homem como uma criação, que trouxe para o universo a **magia**, o **mito** e o **logos**; mas, ao mesmo tempo, a **desordem** e os **excessos**. Um continuador enriquecido como criador, no caminho inconcluso da humanização, que, se possui uma profunda originalidade é a de ser um animal dotado de sem-razão, um *Homo sapiens* e, ao mesmo tempo, um *Homo demens* (E. Muren. *El Paradigma Perdido*).

BODE EXPIATÓRIO

O conceito de bode expiatório tem origem nos antecedentes gregos da tragédia. "Tragédia" significava, originalmente, "lamento do bode". Eram litanias cantadas para comemorar as façanhas de Dioniso e seu animal preferido (no qual ele era simbolizado), nas festividades da colheita da uva (Dionisíacas). Nas festas primitivas, o animal era perseguido por uma procissão de homens, faunos e bacantes. Quando alcançado, era despedaçado e devorado, porque dessa maneira compartilhavam e comungavam a vitalidade, a força e a divindade do deus. Esse rito, posteriormente, foi se transformando em mera crônica de façanhas, mais ou menos divinas e profanas que, finalmente, desembocou na representação cênica.

O conceito de **protagonista** na tragédia grega está intimamente unido ao conceito de **bode expiatório** (aquele que morre, padece e atua "como se" fosse na origem). Na psicoterapia de grupo, ao contrário, esses dois conceitos (de protagonista e bode expiatório), embora compartilhem a mesma raiz, diferenciam-se notavelmente: protagonista (ver PROTAGONISTA) é aquele que, circunstancialmente, oferece sua investigação dramática (no grupo, com o grupo e para o grupo), em proveito do processo elaborado de todos. O bode expiatório vem a ser o integrante em que — numa dada situação e em determinado momento do processo grupal —, são depositadas de forma alternativa e patológica sombras, projeções maciças, cargas transferenciais negativas (parciais ou totais), para que, por meio destes interjogos, atue e/ou padeça aquilo que o grupo nega ou reprime e que, conseqüentemente, não pode compreender, assumir e redistribuir.

Todo surgimento de bode expiatório tem relação com momentos conflitantes agudos, de grande compulsividade grupal, com tendências desintegradoras. Toda escolha de um protagonista, pelo contrário, deixa clara a possibilidade de uma autêntica coincidência grupal: um encontro significativo em torno de alguém que pode representar, de forma livre, espontânea, criativa e solidária, toda a pequena comunidade psicodramática dinâmica que está à sua volta e da qual é parte integrante.

BRECHA ENTRE FANTASIA E REALIDADE

No processo evolutivo da teoria dos papéis denomina-se brecha entre fantasia e realidade o período compreendido entre a fase mágica da matriz de identidade (ver MATRIZ DE IDENTIDADE) e a fase mítica da matriz familiar (ver MATRIZ FAMILIAR). Essa etapa tem como função discernir, com nitidez, as margens que separam as fantasias — e seus desejos — da realidade concreta circundante. É aqui que começa a complexidade do átomo perceptivo da criança. Rompe-se da forma mais contundente a relação diádica com a mãe, já que a figura do pai começa a ter peso e poder distintos, estabelecendo-se uma triangularidade triádica, com novas formas de antagonismos e deuteragonismos; a estrutura primária da criança (pré-eu) passa a uma estrutura infantil secundária (proto-eu). O que antes era uma evanescente vivência de algo diferente dela mesma, agora é uma evidência concreta e estável. A criança sai do mundo mágico do vincular-se, regido pelas leis da similariedade e do contágio, para um novo modo de ser, em que as leis, mesmo biológicas, serão ditadas por uma nova ordem simbólico-mítica.

CACHO DE PAPÉIS

Dalmiro Bustos revê o conceito de cacho de papéis (*cluster*) da seguinte forma: os papéis se agrupam segundo sua dinâmica, configurando cachos de papéis ou agrupamento de papéis. O primeiro depende do complementar materno, responsável por funções de dependência e incorporação; o segundo depende do complementar paterno, gerando matriz dos papéis ativos. Ambos têm um primeiro complementar único: mãe e pai ou adultos que desempenham esses papéis. Mesmo que haja outros adultos significativos no átomo social da criança, esses papéis são os essenciais e qualquer situação gerada por outro adulto no átomo social é vivida como proveniente deles. Esses dois papéis primários são assimétricos por natureza. A simetria aparece mais tarde, quando a paridade se apresenta na forma de irmãos ou companheiros de brincadeiras. Mesmo que a criança tenha irmãos desde o começo de sua vida, carece de capacidade de discriminação de sua presença. Essa interação, diferenciada das outras duas, determina a aparição de um terceiro cacho de papéis, que determinará as relações de paridade.

Com a aparição do terceiro tipo de dinâmica, fica definitivamente configurado o esquema básico de papéis: passivo, ativo e interativo. As três dinâmicas são possibilidades alternativas no desempenho de todos os papéis. No treinamento de terapeutas é fundamental o desenvolvimento das três possibilidades. A condição essencial, especialmente quando um paciente está frágil, reabrindo feridas profundas, é a função de *holding* ou materna — conter afetivamente até que a dor se atenue. Em segundo, encontra-se a função ativa, de apoio para a afirmação, operativa, paterna. Em terceiro lugar se encontra o momento em que o terapeuta aceita a paridade fraterna, o compartilhar de igual para igual. As três dinâmicas são necessárias em diferentes momentos de uma terapia. Uma das experiências de formação mais necessária é a de elaboração, pelo psicoterapeuta, de suas condições e conflitos, para o desempenho das três dinâmicas.

CADEIA

Cadeia é o nome que se dá a uma configuração sociométrica que se evidencia no sociograma quando vários integrantes de um grupo aparecem relacionados entre si por mutualidades (ver MUTUALIDADE) e colocados como uma cadeia de elos individuais, vinculados um a um, sem que exista uma relação significativa com os demais componentes do grupo.

CADEIRA VAZIA

Técnica psicodramática implementada ao se colocar no cenário uma cadeira e propor à platéia que, a partir desse estímulo, imagine que personagem psicodramático pode estar sentado nela. Desse ponto de partida podem ir surgindo diversos protagonistas ou a dramatização pode finalmente centralizar-se em um deles.

Essa técnica costuma desencadear várias dramatizações, que certamente devem ser complementadas com outras técnicas, (como, por exemplo, a inversão de papéis), pois quando o protagonista evoca um personagem na cadeira vazia, deverá depois, mediante a troca de papel, encarná-lo e interatuar, como tal personagem, com um ego-auxiliar, que terá assumido o papel do protagonista.

A técnica da cadeira vazia não apenas é proveitosa no procedimento psicodramático, na busca das cenas nucleares conflitantes (ver CENA NUCLEAR CONFLITANTE), mas é também uma técnica válida para abordar conflitos nodais latentes (ver CONFLITO NODAL LATENTE) em sociodrama; além disso, serve também para passar ao papel a ser estruturado, no procedimento dos jogos de papel (ver JOGOS DE PAPEL). A técnica da cadeira vazia, assim como todas as outras técnicas utilizadas de modo especial em procedimentos dramáticos, opera no espaço do imaginário. Em relação a outras técnicas — e mais do que qualquer outra — sua especificidade é a de tornar presente, no contexto dramático, a ausência intuída.

(Ver AUDIÊNCIA.)

CAIXA DE RESSONÂNCIA

CARICATURA

Procedimento utilizado em psicodrama, em que se implementa o exagero da técnica do espelho (ver ESPELHO). Nele, o ego-auxiliar exagera ao máximo o gesto, o movimento, a conduta ou a expressão do protagonista que está imitando, chegando ao grotesco, o que pode produzir nesse protagonista a sensação de ridículo que torna evidente a conduta, os gestos etc., que, de outro modo, poderiam passar despercebidos.

A caricatura, muito mais do que qualquer outro procedimento em psicodrama, é uma manobra muito arriscada, pois pode ser vivenciada como uma tática manipuladora (ver ESPELHO). Mas, em algumas ocasiões especiais, pode ser eficaz, especialmente quando se trabalha em níveis muito patológicos de aquecimento.

CASO BÁRBARA

No ano de 1922 tiveram início, em Viena, as atividades que Moreno denominou "teatro da espontaneidade". Ele era o diretor, e contava com vários atores. A atividade consistiu em cenas improvisadas sugeridas pelo público ou pelos próprios atores. Havia disfarces e máscaras diferentes, e o público podia participar de cada uma das situações propostas. Uma das atrizes chamava-se Anna Höllering, conhecida no grupo psicodramático pelo nome de "Bárbara". Segundo a clara descrição de Moreno, ela possuía um talento extraordinário para desempenhar papéis de ingênua e de heroína romântica. Era isso que se conhecia dela até que George, seu marido, contou a Moreno que, em casa, quando estavam sozinhos, ela usava uma linguagem muito brutal e, se ficasse zangada, chegava ao ataque físico. Sabendo disso, Moreno propôs a Bárbara que, da mesma maneira extraordinária que desempenhava os papéis de ingênua, as pessoas também gostariam de vê-la naquelas situações que expressam a natureza humana mais vulgar e grosseira. Bárbara aceitou a proposta.

Ele lhe propôs o papel de prostituta, e a um companheiro de trabalho, o papel de assassino, pois chegara a notícia de que, na zona de prostituição de Viena, havia um assassino agredindo e matando jovens. Improvisaram a situação: uma rua, um café, ela saindo perseguida pelo homem, o que acabou em uma violenta discussão. Bárbara começou a xingar, agrediu o homem a socos e pontapés. O "assassino" sacou uma faca, se aproximou circundando-a para evitar seus ataques. Bárbara teve medo, e em seguida foi "imaginariamente assassinada". Acabada a cena, a suposta vítima "mostrou alegria", relaxou, abraçou o marido, e eles se foram dali. A partir de ações como esta, no cenário dramático, seus ataques de violência passaram a diminuir de intensidade na vida real, segundo os comentários de George. Eles se tornaram cada vez mais esporádicos à medida em que ela ia desempenhando esses papéis no cenário. O primeiro sintoma da transformação, segundo o relato do marido, coincidiu com uma altercação do casal, na qual Bárbara suspendeu o ataque, ficou perplexa por alguns momentos e começou a rir de si mesma.

A partir dessa experiência, Moreno compreendeu o poder transformador das improvisações e seu valor terapêutico. Daí emerge sua investigação psicodramática.

CATARSE

Conceito que vem da Grécia antiga, cujo significado foi mudando com o tempo. Mas fundamental é não confundir o profundo sentido do termo catarse de integração (ver CATARSE DE INTEGRAÇÃO) com mera descarga de emoções, como muitos a consideram ainda hoje.

Em princípio, havia o termo *katheiros*, tal como é encontrado nos textos homéricos, que significava ritual mítico destinado a expurgar os miasmas corporais. No *Corpus Hipocraticum* já existe uma modificação: os médicos, para expurgar os miasmas, utilizavam dois tipos de operadores, uns físicos e outros constituídos de "palavras sagradas". Aqui, o conceito religioso mítico já se havia se transformado em lógico. Platão considerou o aspecto curativo da palavra, **enfatizando o valor terapêutico do logos**. Segundo Platão, é a palavra que tem potencial para realizar o ato de persuasão, conseguindo a purificação da alma por meio da harmonia.

Aristóteles levou o conceito ao campo da tragédia, que realiza uma operação essencialmente purgativa, produzida pela mobilização da compaixão e do terror; os atores, com operações imitativas, conseguem a catarse das "paixões baixas" nos espectadores. Ele assinalou também a necessidade de um contexto em que aparece o **sentimento de solidariedade** e de **comunidade**. Para que a catarse se produza, é necessário conseguir-se um estado de *comunitas*. A isso deve ser associado o conceito de **encontro** de Moreno.

Em seus primeiros trabalhos, Freud retomou o conceito catártico, achando que, caso se conseguisse dar vazão aos afetos contidos — através da expressão verbal — seria possível proporcionar um caminho resolutivo para os pacientes. Em seus desenvolvimentos teóricos posteriores, essa idéia foi deixada de lado pelo pai da psicanálise. Foi Moreno que retomou, a partir de outra epistemologia, o conceito de catarse. Ele a reconsiderou como um fenômeno que se produz juntamente com a realização espontânea e simultânea de todo um processo de criação, já que vai se desenvolvendo com a própria dramatização, para, a partir dela, pouco a pouco, ir se adaptando em um *quantum* de atemperação, que conflui para constantes reatualizações integradoras, que vão acontecendo como verdadeiros **processos**, e não como simples atos. Como assinalou Aristóteles, esses processos não afetam somente o público (catarse estética), mas também os atores (catarse ética).

CATARSE ATIVA

Também denominada **catarse de ação** ou **catarse ética**. Esses termos foram utilizados por Moreno para revalorizar a corrente ativa do processo catártico (ver CATARSE, CATARSE DE INTEGRAÇÃO).

Devido à transformação do drama sagrado em espetáculo teatral, esta corrente, que produzia mudanças e transformações nos atores ou participantes ativos das representações dramáticas rituais mítico-religiosas, foi sendo descuidada e, pouco a pouco, se perdeu. Nesses espetáculos teatrais prevalece a corrente **passiva** ou **estética** do fenômeno catártico, que atua especificamente sobre o espectador, que presencia o tesouro ou a conserva cultural apresentada diante dele no cenário.

Moreno resgatou o valor da ação espontânea de um ou diversos membros do grupo, com a participação de toda a platéia, que se oferece como caixa de ressonância dessa ação espontânea, como uma matriz durante todo o processo. Com esse resgate, Moreno redescobriu o valor ab-reativo da representação dramática e a capitalizou na função psicoterapêutica.

(Ver CATARSE ATIVA.)

CATARSE DE AÇÃO

CATARSE DE INTEGRAÇÃO

Falar de catarse de integração em sentido estrito é falar de atos de compreensão, ou seja, atos fundantes de transformação, que Moreno comparou com novos nascimentos. Esses fenômenos possibilitam a liberação de papéis fixados em impressões inadequadas, facilitando assumir novas condutas. Quer dizer: completar aspectos não-resolvidos no **modo de ser**, caracterizados por ordenações vinculares originalmente inadequadas.

Um ato catártico é **fundante** por que, por meio dele, cada protagonista institui outro modo de relacionamento, que passa a ser explorado. É um **ato de integração** porque, por meio da reestruturação dramática, cada protagonista enriquece com novas percepções seu meio social perceptivo e assume novos papéis em seu átomo cultural.

Todo fenômeno de catarse de integração, para ser considerado como tal, deve ser constituído pelos três momentos coimplicantes que, segundo Husserl, integram a operação de **compreensão**: momento intelectual ou simbólico; momento emocional ou catártico propriamente dito; momento axiológico ou fundante.

No **momento intelectual**, se reesclarecem os papéis e vínculos conflitantes da figura dramática que, até então, funcionavam obscuramente, mediados por mecanismos repressivos ou de negação. Essa operação dá um novo sentido às figuras, que, assim, poderão atuar de outra maneira, adquirindo a categoria de **símbolos resolutivos**.

No **momento emocional** entra, no campo do sentir (ou seja, da consciência da emoção), a discriminação, a situação e a reatualização dos estados afetivos da cena mítica, e o protagonista pode canalizar e observar a ampla gama de paixões contrapostas contidas em seu papel.

Com o **momento axiológico**, surge no protagonista um valor novo, que, ao se produzir, sustenta (e continuará sustentando dali em diante) uma nova conduta e uma nova maneira de se relacionar.

Lembremos que, para uma operação se completar e produzir os efeitos aqui descritos, os três momentos devem acontecer, de forma co-implicante e concomitante, didaticamente diferenciados.

CATARSE DE INTEGRAÇÃO, formas clínicas

Wilson Castello de Almeida discute a ocorrência do processo de cartase de integração para esclarecer a falácia de que esse seria um acontecimento raro na clínica psicodramática.

Diz ele que negar a presença efetiva do principal modo de ação "curativa" do psicodrama é uma forma de inviabilizá-lo como método terapêutico original. E, em seguida, sistematiza as três formas clínicas que pôde detectar na sua prática. São elas:
Catarse de integração revolutiva: aquela que "revoluciona" os pacientes interiormente, sensibilizando-os e mobilizando-os para novos e oportunos aprofundamentos psicológicos e relacionais.
Catarse de integração evolutiva: através dela os pacientes vão somando, gradativamente, dentro de si e nas interrelações, elementos catárticos parciais. O processo de integração catártica vai encampando na sua práxis modos de ação tais como: *insight*, *insight* psicodramático (Bustos), *feed backs*, *love-backs* (Zerka Moreno), percepções télicas e momentos significativos de encontro.

De sessão a sessão, de dramatização a dramatização, de interpretação a interpretação, de diálogo a diálogo, a quantidade e a qualidade dos afetos vão se modificando, mudam as dinâmicas relacionais, reestruturam-se elementos da personalidade, ampliam-se o vigor e o número de papéis desempenhados, configurando, por fim, o **encontro** no seu sentido clínico e existencial.

Catarse de integração resolutiva: é a que traz para o paciente, em tempo relativamente curto (mais em um ato do que em um processo), uma forma de vivência e consciência de todo um material psicológico-existencial até então recalcado, reprimido, oprimido.

Como um relâmpago, o "momento moreniano" permite que pensamento, sentimento e ação se transformem em uma mesma e única atividade, fundidos à semelhança do espaço-tempo-energia da física (*status nascendi*). Abrem-se para o espírito as possibilidades de um novo universo e um novo crescimento. As interrelações transformam-se, com forças retemperadas e saudável esperança. É uma forma clínica de catarse de integração de grande presença dramática e responsável por sessões esteticamente belas e emocionalmente significativas.

CATARSE ESTÉTICA

(Ver CATARSE PASSIVA.)

CATARSE ÉTICA

(Ver CATARSE ATIVA.)

CATARSE PASSIVA

Também denominada por Moreno catarse estética. É o aspecto do fenômeno catártico (ver CATARSE) que se produz no espectador quando ele está diante da representação, no cenário, de uma obra teatral que, como tal, terá um argumento fornecido por um autor e que só exigirá dele uma ressonância afetiva com o que nela acontece, sem, em nenhum momento, exigir dele um compromisso ativo. Esse produto acabado da criatividade de um autor foi denominado por Moreno conserva cultural.

No teatro espontâneo e no psicodrama, a catarse passiva ou estética nada mais é do que uma das vertentes do fenômeno catártico (ver CATARSE ATIVA, CATARSE DE INTEGRAÇÃO).

CENA

É a estrutura essencial da dramatização. Desde a Antiguidade, ela foi estudada por diversos autores, que procuravam compreender o fenômeno teatral e sua realização. Em arte dramática, as cenas são reconhecidas como partes do ato de uma obra dramática.

Segundo a arte dramática (ver ARTE DRAMÁTICA), toda obra teatral é subdividida em atos, e estes, por sua vez, em unidades cênicas. Estas últimas distinguem-se de acordo com determinadas unidades de interação entre os mesmos personagens (ver AÇÃO DRAMÁTICA, ATO DRAMÁTICO).

A partir de Moreno, a cena passou a ter novas dimensões e novas possibilidades de utilização nas ciências do homem (psicoterapia, socioterapia, arte dramática institucional, treinamento de papéis etc.). Por isso, foi estudada por muitos autores (ver CENA TEMIDA, CENA NUCLEAR CONFLITANTE, MULTIPLICAÇÃO DRAMÁTICA, CENA AUSENTE) a partir de referenciais epistemológicos convergentes.

Do mesmo modo que Moreno, na cena e nas interações que nela se desenvolvem, começou a desenvolver sua **teoria dos papéis**, e vários autores argentinos fizeram dela objeto de estudo. Carlos Martinez Bouquet, especialmente, partiu dela para definir sua linha de reflexão pessoal, extremamente rica para a atividade psicodramática, que distingue sua escola e se denomina, precisamente, teoria da cena (ver TEORIA DA CENA). Este autor, em seus trabalhos, define a cena como "produto essencial da dramatização e do ato dramático". Do ponto de vista de sua **teoria da cena**, podem ser descritas duas estruturas cênicas profundamente articuladas entre si, mas claramente diferenciáveis, tanto teórica quanto instrumentalmente, por meio da aplicação do método descrito no chamado processo da cena (ver PROCESSO DA CENA).

Podemos, portanto, descrever:
1. A cena tal como aparece, ou seja, no âmbito manifesto, prenhe de elipses e ocultamentos, confirmar o âmbito discursivo das associações do paciente nas psicoterapias psicanalíti-

cas. É chamada de cena manifesta ou dramatização propriamente dita: pode ser espontânea ou provocada, dentro ou fora da esfera terapêutica.

2. Associada à primeira, o autor descreve outra cena, decorrente da anterior, por trás da qual se oculta e por meio da qual se expressa, e que ele chama de **cena latente** ou **cena imaginária**. Essa estrutura pode ser descrita no âmbito imaginário (ver METABOLISMO DOS SIGNIFICADOS), que comporta, segundo Martínez Bouquet, um determinado número de **personagens imaginários**, entre os quais se estabelece um complexo sistema de comunicações que vão e vêm, consistindo de afetos, impulsos, desejos etc., que constituem a chamada tensão dramática (ver PERSONAGENS IMAGINÁRIOS).

CENA AUSENTE

Conceito de Enrique E. Rodriguez Tosto, que diz, textualmente: "Em a cada cena transcorrida houve uma grande gama de cenas possíveis que, por algum motivo, não aconteceram.

"Felizmente, muitas delas não foram representadas, mas, dentro desta gama, há outras menores, compostas por cenas que, por não terem acontecido, criam uma dificuldade, uma limitação, uma falta de repertório na vida da pessoa, que, longe de ajudá-la, a empobrecem e lhe tiram a maleabilidade e a capacidade de criar e representar".

CENA CONSONANTE

Termo definido pela escola argentina de psicodrama psicanalítico (Eduardo Pavlovsky, Hernán Kesselman, Luis Fryd Lewky); refere-se à cena que se encontra ao trabalhar com cenas temidas (ver CENA TEMIDA), nos grupos de pesquisa. Quando se começa a busca a partir do temido, vão emergindo no protagonista aspectos históricos de sua vida familiar. Também se pode chegar a essas estruturas por meio de associações, solilóquios e exercícios de introspecção.

CENA NUCLEAR CONFLITANTE

Cena nuclear conflitante é a figura dramática que se traduz no trabalho sempre que (seguindo o fio condutor de um papel inadequado ou irresoluto do protagonista, no desenvolvimento de um programa psicodramático), fica evidente (no cenário) um momento, um espaço e uma ação que configuram uma cena inter-relacional correlata à situação originária em que emergiu e se imprimiu (pela primeira vez), tal como se apresenta, o papel que está sendo dramaticamente investigado. A cena nuclear conflitante representa o **mito íntimo** do protagonista, por ele vivenciado como **cena traumática** de seu passado biográfico. No momento da cena traumática, uma ou várias unidades de opostos dramáticos permaneceram em conflito, sem possibilidade de resolução, porque tanto os egoauxiliares naturais quanto o protagonista falharam no interjogo vincular. A partir de então e mediante atos de repressão ou negação, um determinado papel fica impresso num dos pólos, como uma conduta reativa ou refreada.

É no cenário que esses conflitos tornam-se conscientes e se busca sua reestruturação, para, enfim, voltar à primeira cena, de onde partiu a investigação dramática.

CENA RESSOANTE

Termo definido pela escola argentina de psicodrama psicanalítico. Por ocasião dos trabalhos efetuados com a cena temida (ver CENA TEMIDA), ao se chegar à cena consonante (ver CENA CONSONANTE), em vez de se aprofundar essas imagens, no sentido da **psicanálise individual** — que as considera cenas ou lembranças encobridoras —, cada integrante do grupo é levado a tomar determinadas subestruturas da mesma para desempenhá-las com toda intensidade e criatividade possíveis. Por intermédio dessas ressonâncias, vão-se formando novas imagens ou cenas mutantes, denominadas precisamente cenas ressoantes. Elas permitem que cada integrante do grupo desencadeie o profundo processo elaborador de reestruturação, a partir de suas próprias cenas temidas.

CENA RESULTANTE

Termo definido pela escola argentina de psicodrama psicanalítico. Assim é denominada a nova cena, em que o protagonista volta a atuar, depois que os outros integrantes do grupo representaram suas próprias cenas a partir de determinadas partes da cena temida (ver CENA TEMIDA). Nesse momento do processo grupal, o protagonista volta a revivê-la e a representa novamente diante de seus companheiros.

Por meio dessas seqüências dramáticas, aquilo que havia começado como cena temida vai-se incorporando ao próprio protagonista e a todos os integrantes do grupo, de modo diferente — mais rico — e, nestas ampliações, ganha originalidade e criatividade.

CENA TEMIDA

Termo definido na Argentina pela escola de psicodrama psicanalítico. É considerada a via régia para as explorações de cenas familiares irresolutas que possam perturbar a tarefa de um coordenador. Qualquer situação temida pela coordenação (por exemplo: temor do julgamento, da impotência, da rejeição ou das vivências de culpa etc.) pode ser levada à cena para ser representada e trabalhada psicodramaticamente e, para isso, formam-se grupos de coordenadores. Caso não se proceda assim, as situações temidas influenciam em demasia e chegam até a bloquear o coordenador, perturbando ou impossibilitando seu desenvolvimento instrumental no papel. Só é possível desligar-se de tais dificuldades quando se esclarecem as própria cenas pessoais subjacentes em cada um e que sempre se reatualizam perante as situações grupais que toda coordenação suscita.

Esses grupos de investigação, formados em reuniões periódicas de diversos coordenadores, permitem trabalhar com esses medos profissionais, e esclarecê-los, trazendo à tona seus mecanismos defensivos para que se tome consciência deles e se proporcione aos investigadores uma riqueza pessoal e profissional maiores, além de um crescimento instrumental e melhor higiene psíquica de seus papéis.

(Ver CENA TRAUMÁTICA, SITUAÇÃO, CENA NUCLEAR CONFLITANTE, CONFLITO NODAL LATENTE, PAPEL RESISTIDO.)

CENA TRAUMÁTICA

É um conjunto de interações, afetos e valores reunidos estruturalmente em uma unidade de opostos conflitantes. Está registrada na memória inconsciente do indivíduo, de forma mais ou menos latente, e pode ser reatualizada em momentos determinados e específicos de atemperação vital. Quando isso ocorre, ela pode ser evocada figurativamente. Em geral, aparece de modo parcial e localizada mágica, mítica e ideológicamente em qualquer tempo do passado biográfico ou pré-biográfico do protagonista. As cenas traumáticas registradas na memória subconsciente de um indivíduo — como acontece com qualquer registro — estão inter-relacionadas entre si pós-mnemicamente. Por isso mesmo, toda emergência traumática é sempre parcial e focal.

CENÁRIO

É o espaço real e virtual onde se compõe o drama e a cena presente no íntimo do protagonista. Toda as pessoas carregam dentro de si um "cenário imaginário", onde transcorrem e são registrados os atos de sua vida. O cenário psicodramático permite recriar esses atos por meio do desempenho dos papéis próprios e complementares no "como se" dramático, contextualizando e enriquecendo o imaginário com a terceira dimensão — o espaço — e a quarta — a do tempo convencional. Daí sua importância como um dos cinco instrumentos do psicodrama, que alguns autores também denominam "área do como se".

O conceito psicodramático de cenário difere daquilo que um mero tablado pode implicar. Nesse espaço, mesmo quando nele se desenvolve, no âmbito manifesto, um acontecimento do cotidiano do protagonista, ele sempre enquadra o que vai aparecendo de uma maneira característica, como na **hipócrise** (lei dramática da simulação ou ficção). O que acontece nesse cenário é sempre "como se" fosse a realidade e agora é representado dramaticamente.

Nessa área desenvolvem-se as interações de todos os papéis que estão sendo desempenhados em cada cena, ou seja, o leque de papéis do protagonista, pertencentes ao seu átomo cultural, e seus complementares, subentendendo-se que esses papéis aparecerão em cena com as características que apresentam no átomo social perceptivo (ver ÁTOMO SOCIAL PERCEPTIVO) do protagonista, exceto nos casos do sociodrama, em que os papéis serão representados por aqueles que os desempenham na vida real.

Quanto mais os papéis desempenhados (que são sempre a repetição do percebido e imaginado) se aproximam da realidade que os originou, maior será o plano tele (ver TELE) de comunicação estabelecida no cenário; caso contrário, predominará o plano transferencial, e neste plano é que se exercerá a ação terapêutica daquilo que foi dramatizado. É evidente então a importância do contexto espaço-temporal proporcionado pelo cenário, como segurança perante a necessidade constante de esclarecimento da brecha entre a fantasia e a realidade.

Assim, o cenário é instituído como *o locus nascendi, locus* que garante a base para o lançamento do protagonista em seu universo sincrético (loucura), resolvendo o temor da impossibilidade do retorno à sua identidade, na qual pode contar com seu ego observador (ver EGO OBSERVADOR).

O cenário cumpre, desse modo, as seguintes funções:

Marco espacial: por ser a área convencionalmente estabelecida como espaço do "como se", onde são possibilitadas a delimitação e o esclarecimento do plano de comunicação em que cada papel é desempenhado, proporcionando ao protagonista a segurança de que, nesse espaço, o compromisso é sempre e somente com o papel, facilitando assim a investigação da totalidade de um aspecto do indivíduo, inclusive a parte que ele próprio desconhece.

Marco temporal: essa função completa o cenário, fazendo dele um âmbito muito especial, em que o desdobramento em leque de todos os papéis que cada protagonista representa, pode ocorrer, simultaneamente, no "aqui e agora" dramático e no tempo histórico do paciente (seu presente, passado e futuro biográfico). Essa delimitação temporal, juntamente com a espacial, proporcionam uma segurança operacional. Garantem a possibilidade do retorno resolutivo ao tempo do contrato psicodramático (ver CONTRATO PSICODRAMÁTICO), ou seja, o tempo da cena que funcionou como ponto de partida em cada investigação.

Marco afetivo: conforme vai ocorrendo a seqüência de interações, o desenvolvimento dos afetos do protagonista que irrompem no cenário vai constituindo um clima em evolução, que provoca tanto o aquecimento do protagonista quando da platéia (ver PLATÉIA). Dessa forma, a platéia funciona como caixa de ressonância de afetos que se manifestam no que está acontecendo no marco afetivo do cenário.

CHAVE DRAMÁTICA

Chave dramática é o nome que se dá ao sinal que pode ocorrer — numa ampla gama de possibilidades — durante uma dramatização, abrindo as portas para a investigação dos papéis e dos vínculos aquecidos para esta dramatização em particular. Essa investigação permitirá chegar à seqüência dramática seguinte, na busca de uma cena nuclear conflitante (ver CENA NUCLEAR CONFLITANTE) que esclareça o significado do sinal obscuramente percebido e o transforme em símbolo compreensível para todos os integrantes do grupo, inclusive protagonista e diretor.

Esse sinal poderá ser captado em uma atitude, em uma palavra, no desempenho contraditório de um papel, na oposição entre aquilo que foi expresso verbalmente e a atitude corporal, ou na exclusão ou inclusão de algum elemento na dramatização. Será percebido, especialmente, pelo diretor, embora também possa sê-lo pelo protagonista ou pelos membros do grupo.

CÍRCULO

É a configuração sociométrica que aparece no teste sociométrico como uma cadeia fechada de cinco ou mais indivíduos relacionados entre si.

CO-CONSCIENTE

Moreno denominou assim os estados conscientes comuns, que podem ser alcançados em certas interações do grupo psicodramático.

COESÃO GRUPAL

É uma das características essenciais de um grupo. Denota sua dinâmica. O grau de coesão de um determinado grupo está relacionado com certas variáveis, próprias de qualquer grupo, quando considerado particularmente. Por exemplo: a estrutura grupal, os objetivos do grupo, as dificuldades para atingir suas metas etc. A coesão grupal é algo dinâmico, que se modifica no tempo, à medida que o processo grupal vai se modificando. As modificações da coesão grupal acontecem, essencialmente, em função da malha vincular do grupo, ou rede sociométrica.

A coesão grupal pode ser observada cientificamente no estudo das configurações sociométricas (Ver CONFIGURAÇÕES

SOCIOMÉTRICAS) obtidas em um sociograma. Esses estudos evidenciam a estrutura tele de um grupo e suas constantes modificações, assim como sua patologia. Em sociometria, quanto maior o número de escolhas mútuas, maior será a coesão do grupo.

Para a teoria dos papéis, quanto maior o seu espectro e quanto mais espontânea e criativamente eles forem desempenhados, maior será a coesão do grupo.

CO-INCONSCIENTE

Em qualquer vínculo estabelecido haverá, paralelamente, um vínculo consciente aparente para os dois integrantes do mesmo e um nexo de inconsciente para inconsciente, criado por intermédio das experiências compartilhadas, que Moreno denominou co-inconsciente.

Em psicodrama, o trabalho ordenado e sistemático faz com que todos e cada um dos integrantes do grupo passem por processos elaboradores individuais (ver PROCESSOS ELABORADORES DRAMÁTICOS). No entanto, nem todos os fenômenos que aparecem nesses trabalhos grupais podem ser totalmente compreendidos a partir das modificações que acontecem no plano do inconsciente individual.

Determinados fenômenos de co-emissão, de co-percepção, de co-intuição e de co-sentir ou simpatia (para usar termos schelerianos), e suas modificações não são completamente esgotados por essa corrente explicativa. Eles parecem indicar a correlação de um co-inconsciente. Esses fenômenos, e alguns outros, parecem apontar a necessidade de um estudo mais profundo das obscuras intimidades dos vínculos e seus estados de inconsciência comum, tanto no diádico como no triádico e no multídico. Fica evidente que alguns fenômenos parecem surgir não somente da psique individual, mas também, ao mesmo tempo, de várias outras — quando elas estão interligadas pelo vínculo. Moreno que, por assim dizer, atribuiu ao vínculo humano a categoria de ente, chamou esses estados de co-inconscientes.

Co-inconsciente pode ser definido também como a confluência, no plano da comunicação télica profunda grupal, da reatualização de cenas traumáticas (ver CENA TRAUMÁTICA) dos pólos vinculares dos integrantes (cenas míticas dos pólos vinculares), cuja coincidência ou junção seja a reatualização ou o aquecimento de alguém ou das três técnicas básicas (ou seja, cósmico, morte ou olhar do outro) no plano do medo ou do pânico.

(Ver AQUECIMENTO.)

COLOCAR EM ANDAMENTO

COMENTÁRIO

Em uma primeira instância de elaboração de seu trabalho, Moreno denominou assim a terceira etapa da sessão de psicodrama. Usou como sinônimos as palavras "comentários" e "análises". Em uma segunda instância, em trabalho conjunto com Zerka Moreno, essa terceira etapa foi estruturada em dois tempos claramente definidos: o primeiro denominou-se compartilhamento (*sharing*) (ver COMPARTILHAMENTO) e o segundo manteve o nome de comentário ou análise propriamente ditos: este último é o momento dos assinalamentos e das interpretações.

Em psicodrama, preferimos intervir de tal forma que o *insight* aconteça no trabalho dramático, durante a reestruturação da cena nuclear conflitante (ver CENA NUCLEAR CONFLITANTE).

O momento da análise ou comentários é trabalhado de formas diferentes, conforme a escola e os referenciais epistemológicos em que se enquadra o fenômeno psicodramático.

O momento de compartilhamento tem uma função dupla: **para os integrantes do grupo**, a possibilidade de expressar verbalmente e assim compartilhar a compreensão daqueles aspectos próprios que haviam sido mobilizados durante a dramatização e que têm a ver com a história pessoal, a abertura de áreas para futuros trabalhos psicodramáticos, o enriquecimento do leque de papéis e o entendimento dos papéis complementares; **para o protagonista**, a descoberta de que o seu drama, que ele expôs diante dos outros, foi compartilhado e co-protagonizado por seus companheiros de grupo. Aquilo que o diferenciou e definiu como protagonista reintegra-o nesta etapa ao grupo, de forma diferente, o que lhe permite fortalecer seus vínculos com seus companheiros de investigação.

O momento de análise posterior reforça, principalmente, a compreensão do ocorrido na corrente intelectual ou simbólica e na corrente da "percepção axiológica".

Em síntese, a etapa, de comentário pode ter três etapas: compartilhamento (ver COMPARTILHAMENTO); comentário (propriamente dito) e quando se está trabalhando em didática ou em treinamento; elaboração teórico-técnica do ocorrido na sessão.

"COMO SE"

O "como se" é o universo que tenta indicar a realidade através do imaginário dramaticamente representado. Essa abreviação significa "como se fosse a realidade, que só acontece no cenário do psicodrama". Com isso se enfatiza que o que está acontecendo no "como se" segue as leis da hipócrise (ver HIPÓCRISE). O que acontece só transcorre no cenário do psicodrama. Esse cenário é o lugar destinado à atuação controlada, terapêutica, reestruturadora e integradora do que aí ocorre "como se" fosse realidade.

COMPARTILHAMENTO

É uma subetapa, ordenada metodologicamente, com a qual se passa, em qualquer procedimento dramático, ao encerramento de cada sessão. Foi introduzida classicamente por Zerka Moreno, que a denominou *sharing*.

Terminada a dramatização, e antes de dar início aos comentários, aos assinalamentos ou às interpretações, há o momento destinado aos integrantes do grupo que não foram protagonistas, para que compartilhem com o protagonista ou protagonistas suas próprias vivências ou experiências, papéis ou cenas que cada um mobilizou e reatualizou em consonância com o que aconteceu no cenário dramático. É um momento que possibilita a expressão, fundamentalmente afetiva, da caixa de ressonância grupal. Terminada essa primeira subetapa do comentário (ver COMENTÁRIO), o grupo está em melhores condições para capitalizar as intervenções operacionais dos terapeutas.

CONCREÇÃO DRAMÁTICA, técnica de

A técnica de concreção dramática permite levar à corporificação e à espacialização no cenário psicodramático daquilo que se encontra no imaginário do protagonista. Assim, um sintoma, um pensamento etc., adquirem forma concreta ao serem desempenhados psicodramaticamente e orientam a busca do papel e do vínculo em conflito.

Por meio da linguagem temporal da matriz de identidade (ver MATRIZ DE IDENTIDADE), uma dor, um gesto, uma atitude, transmitem um sinal que, embora leve, destaca-se da totalidade do que está sendo dramatizado. Esse sinal (ver CHAVE DRAMÁTICA), ao ser percebido pelo protagonista, pelo diretor ou pelo grupo, transforma-se em um sinal de significado obscuro, que a técnica de concreção dramática decodificará levando ao plano simbólico, compreendido por todos os papéis e vínculos que estavam escondidos e disfarçados no plano imaginário.

CONFIGURAÇÕES SOCIOMÉTRICAS

São todas as figuras que surgem do estudo sociométrico de um grupo e expressam a situação pessoal e as relações vinculares de todos e de cada um dos integrantes do grupo. Se manifestam no sociograma por meio da leitura das mutualidades (ver MUTUALIDADE), resultante do teste sociométrico aplicado e estarão exclusivamente relacionadas ao critério sociométrico escolhido (ver TESTE SOCIOMÉTRICO, CRITÉRIO SOCIOMÉTRICO).

Essas configurações poderão ter como resultado, entre outras, as seguintes figuras: isolados; díades ou pares; cadeias; tríades ou triângulos; quadrados; estrelas; círculos; socióides etc.

CONFLITO DRAMÁTICO

O ponto de partida de qualquer ação dramática é sempre um conflito. Se não houver conflito, nunca haverá ação dramática, e se não houver ação dramática, tampouco poderá haver representação dramática. O conflito dramático deve ser entendido como um antagonismo em ato. Um conflito dramático, portanto, implica sempre uma oposição, como ponto de partida, entre o objetivo do protagonista e o objetivo do antagonista.

Vejamos alguns exemplos. Do ponto de vista dramático, quando dois atores se beijam no cenário, não é um ato no sentido estrito: é uma resolução dramática. Não há conflito dramático. Se, pelo contrário, o protagonista tem como objetivo beijar para satisfazer seu desejo, e o antagonista expressa sua vontade de impedir ou recusar esse beijo, aí então há um conflito dramático. Se o protagonista está cansado e precisa se sentar, seu objetivo será alcançar a cadeira (a cadeira será, nesse caso, o deuteragonista, ou seja, o elemento ou pessoa que exerce o papel que secunda e completa seu objetivo). Quando o protagonista já estiver sentado, tudo estará resolvido e a proposição dramática termina, em uma conclusão ou **resolução**. Se, pelo contrário, a cadeira adquire vida em seu papel e, antagonicamente, sai do lugar, opondo-se à intenção do protagonista, deixando-o cair no chão, provocando sua surpresa, constatamos que há uma reabertura da ação dramática. Essa reabertura da ação ocorre porque permanece intacta a unidade de opostos conflitantes que, inevitavelmente, levará o protagonista e seu oponente a uma nova tentativa de interação antagônica ou deuteragônica, que tenderá sempre para alguma forma de resolução; mas, para que o drama continue, essa resolução deverá permanecer apenas como uma tendência. Quando ela se realizar, alguma coisa foi concluída.

Com esses exemplos, fica bem claro que os conflitos que ocorrem durante a ação dramática devem ser mantidos como antagonismos em ato, desenvolvendo-se no tempo e no espaço dramático e transformando-se permanentemente. Então, desde seu ponto de partida, o conflito dramático continua se desenvolvendo como uma unidade permanente de opostos. Esse antagonismo em ato sempre implica a extensão, no tempo, dessa oposição inicial, continue ela intacta ou seja ela transformada, porém estando sempre presente. Além disso, essa extensão vai determinando mudanças constantes nos enfrentamentos entre papéis contrapostos, desenvolvendo o conflito dramático. Ao conjunto desse desenvolvimento dá-se o nome de ação dramática (ver AÇÃO DRAMÁTICA).

CONFLITO NODAL LATENTE

O conflito surge quando uma **unidade de opostos** se materializa em crise de vinculação, promovendo, além disso, um aquecimento, na interação grupal, que resulta no aparecimento de papéis que se entrechocam, envolvendo **juízos de valor** recíprocos. Dom Quixote e Sancho Pança representam, paradigmaticamente, um **par de opostos**, mas essa unidade só entra em conflito quando Sancho, o pragmático, pensa e considera seu companheiro um idealista absurdo, que o impede de realizar seu desejo vital. Enquanto isso, Dom Quixote pensa e considera Sancho um "pançudo grosseirão" que boicota seus ideais e aborta seus projetos.

Mas esse conflito não passa de epifenômeno — no plano consciente — de outro, mais profundo. Denominanos **nodal** esta encruzilhada palpitante e profunda, que geralmente está materializada em desejos, culpas, medos e pânicos inconscientes aos quais estão sujeitas as condutas manifestas. Denominamos **latente** esse plano profundo do conflito vincular, porque é ele que condiciona e promove o epifenômeno emergente, e deve ser abordado para que possamos compreendê-lo e resolvê-lo. Esse conceito de conflito nodal latente é útil em sociodrama. O procedimento sociodramático propõe, de maneira precisa, mitigar os conflitos vinculares por meio da compreensão da contraposição das paixões que os aquecem.

Em um grupo, em uma determinada situação, para que um conflito nodal latente se altere de forma profunda, as cenas traumáticas pessoais telicamente interligadas devem ter-se reatualizado para uma grande parte da constelação afetiva grupal. Cada vez que algum dos três temores básicos do homem — o temor do caos e da ordem; o temor do olhar e da ausência de olhar; o temor da finitude e da infinitude — forem aquecidos no plano do **medo** ou do **pânico**, aparecerá um conflito na superfície. Mas o conflito nodal latente é a verdadeira raiz galvanizante dos conflitos manifestos. Porque, no primeiro caso, o temor se aqueceu no medo da loucura; no segundo, no medo "do que os outros dirão", do julgamento, do castigo e do banimento; e, no terceiro, no medo da morte.

No conflito entre Dom Quixote e Sancho Pança, que nos serviu de exemplo, estão presentes, de forma latente, esses três temores, com todas suas inseguranças e uma multiplicidade de cenas correspondentes.

"Dar-se conta" é o primeiro passo para começar a relativizar esses medos e, como eles são tão patéticos, atemperar o vínculo.

CONSERVA CULTURAL

Expressão utilizada por Moreno para a cristalização de uma ação criadora em um produto que passará a integrar o acervo cultural de uma determinada sociedade (por exemplo, um livro, um filme, uma escultura, uma pintura etc.). É a matriz cultural, científica, tecnológica, artística, lingüística etc., onde é depositada a idéia criadora, para ser preservada. Implica um longo processo de criação e desenvolvimento espontâneo, que parte do momento em que começa a ação e continua até que o produto adquira a forma definitiva, quando será transmitido como conserva cultural.

Uma conserva cultural, como ato concreto e inalterável, poderá, por sua vez, promover, naqueles que a recebem, um novo processo de espontaneidade criadora que gerará um novo produto, que, novamente, constituirá uma conserva cultural, e assim sucessivamente.

A cultura de uma sociedade é configurada pela soma dessas conservas culturais, que formam o fluxo que assegura sua sobrevivência e ao qual a sociedade recorrerá para educar seus membros.

As normas estáticas de conduta, embora não cheguem a se concretizar em um produto, podem ser consideradas conservas culturais, que podem ser modificadas na evolução individual.

Um papel é uma conserva cultural, até o momento em que um indivíduo dele se apropria e o desenvolve segundo seu processo espontâneo-criador particular.

CONTEXTOS

Em qualquer procedimento dramático, devem ser distinguidos metodologicamente três contextos: social, grupal e dramático.

No contexto **social** são mobilizadas as interações dos papéis sociais e o discurso das pessoas que constituem o grupo como sociedade. Neste sentido, tudo que acontece representa (em miniatura) a sociedade circundante.

No contexto **grupal**, ao contrário, são mobilizadas as interações e o discurso específico da pequena comunidade grupal, com sua história particular, as manifestações peculiares de seu processo, o desdobramento dos âmbitos manifesto e latente, suas comunicações e seus ruídos (com seus diferentes planos de profundidade), suas transferências e suas projeções fantasmáticas.

Finalmente, o contexto **dramático** é geralmente aquele desenvolvido no cenário (também denominado área do "como se"), amparado precisamente pela atemporalidade do **simbólico** e do **imaginário**. Esse é o contexto onde pode ser desdobrada (de maneira controlada e terapêutica) a interação de todos os papéis e a concretização dramática de toda a fantasmática pessoal, ancestral e arquetípica, para sua elaboração e reestruturação integradora.

Assim como a tentativa de comunicação no contexto social alude (no âmbito manifesto) ao **discurso público**, no contexto grupal é permitido um desdobramento maior do **discurso privado**; mas é o contexto dramático que permite que o **discurso íntimo** se pronuncie melhor.

CONTRAPAPEL

Qualquer papel é uma experiência interpessoal. Por isso, o contrapapel é qualquer papel antagônico ou deuteragônico oposto, complementar ou correspondente ao outro. A expressão "papel complementar" é muitas vezes utilizada como sinônimo de contrapapel. Vencedor-vencido, amo-escravo, pai-filho etc., são exemplos de contrapapéis ou papéis complementares.

CONTRATO DRAMÁTICO

Em psicodrama, o contrato dramático é uma subetapa do aquecimento específico (ver AQUECIMENTO). Ele é um acordo intencional quanto ao que vai ser dramaticamente investigado: onde, quando e de que maneira é planejada a cena. Dessa forma, o diretor e o protagonista decidem diante do grupo, um esboço de plano e de investigação dramática. O contrato pode se referir à exploração de uma primeira cena ou de um papel, assim como à investigação de um sintoma. O contrato em geral conduz à "preparação dramática" da "primeira cena" (ver PREPARAÇÃO DRAMÁTICA).

No sentido mais geral, também é chamado de contrato o compromisso intencional, explícito ou implícito, que todo coordenador dramático deverá manter com seu grupo, durante a exploração (permanecer no procedimento explorador escolhido — por exemplo, não passar dos jogos de papel ou de um sociodrama a um psicodrama —, não sair da linha de investigação proposta em cada procedimento).

Em qualquer tipo de procedimento, para não haver contágios, é também próprio do "contrato" o cuidado com os contextos (ver CONTEXTOS), planos (ver PLANOS) e etapas (ver ETAPAS).

COSMOVISÃO MORENIANA

Nas obras de Moreno, podemos encontrar suas descrições sobre sua maneira de entender o processo evolutivo humano e como essa visão antropológica está integrada em um pensamento mais abrangente e totalizante.

Assim como o homem, antes de nascer, se abriga e é abrigado no vínculo da matriz materna, a partir do nascimento ele deverá transpor universos diferentes para completar o processo constitutivo de sua própria identidade singular. Moreno denominou matriz de identidade, matriz familiar e matriz social (ver MATRIZ DE IDENTIDADE, MATRIZ FAMILIAR) esses outros universos que aguardam cada homem.

No entanto, não devemos de forma alguma pensar que Moreno entendeu essa série de universos unicamente como elos que vão se encadeando seqüencialmente a partir da concepção, mas como universos que, imbrincando-se para formar um todo, proporcionarão a rica rede complementar que permitirá a inserção do indivíduo no mundo, por meio da vinculação e do encontro constantes. As matrizes de identidade, familiar e social não se sucederão no tempo, mas se completarão e, continuamente, irão constituindo parte da totalidade do indivíduo.

Se analisarmos bem a fundo os escritos de Moreno, perceberemos que sua concepção do ato de nascimento, como ato criador procurado ativamente pela criança e para o qual ela se preparou ativamente durante nove meses, é o modelo arquetípico para seu sistema de pensamento.

A morte é vista, pelo criador do psicodrama, com o sentido de um renascimento, uma nova transformação, não um ato final, mas um novo salto para outra matriz, algo assim como o último ato biológico vital, em que o ser desemboca para ser novamente integrado na matriz cósmica em que, *in illo tempore* — tanto no começo no fim dos tempos —, Moreno acredita que aconteceu, está acontecendo e vai acontecer o Encontro.

Além disso, em cada ato humano, em cada vínculo e em cada instante coexistem e se co-implicam todas as matrizes: a cósmica, a biológico-genética, a materna, a de identidade, a familiar e a social, poderosamente imbrincadas.

O que acabamos de expor é, em amplos traços, a cosmovisão moreniana. Podemos nos sentir atraídos por ela, podemos rechaçá-la ou podemos ser-lhe indiferentes, mas foi assim que o pai do psicodrama articulou o sentido de todo seu trabalho e de toda sua preocupação, para compreender e favorecer o que denominou fome de transformação humana (ver FOME DE TRANSFORMAÇÃO).

A partir dessa cosmovisão, Moreno organizou coerentemente sua própria vida e sua própria morte. De acordo com esta cosmovisão, ele situa o **encontro** no começo e no final dos tempos. O desenvolvimento de um ser humano individual, para ele, nada mais é do que uma parte infinitesimal de uma **grande evolução em curso**. Todas as formas individuais dessa evolução passarão, a partir de cada concepção que lhes dá origem singular, pela matriz materna, pela matriz de identidade e pela matriz social. Essas matrizes ser-lhes-ão oferecidas como vínculos que lhes possibilitarão individualizações existenciais próprias. Mas é precisamente com o ato da morte que poderá ocorrer a reintegração de cada um desses seres individuais à totalidade cósmica do grande projeto totalizante em curso. No começo e no fim está o Encontro, sustenta Moreno. Quanto mais cada ser conseguir em seu processo de individualidade, mais profundo será para ele o encontro totalizante.

O psicodrama é concebido por Moreno como uma via de conhecimento e superação. Ele é proposto, também neste sentido, com toda a coerência, como uma cosmovisão essencialmente religiosa que regeu toda a vida e permeia toda a obra do autor.

CRIATIVIDADE

É a disponibilidade do ser humano para o ato criador, assim considerando qualquer ato que acarrete uma transformação integradora, no sentido do crescimento e da maturação, naquele que o realiza e também no meio que o rodeia.

O tema da criatividade é fundamental na teoria do psicodrama. Já em seus primeiros trabalhos, Moreno relacionou intimamente os conceitos de liberdade (ver LIBERDADE), e espontaneidade (ver ESPONTANEIDADE), com o de criatividade. Considerou-os funções de um mesmo processo, o da grande criação em curso. Tanto a beleza como a verdade e a harmonia podem ser vistas como aspectos desse **universal arquetípico** para o qual se dirige, ou do qual se afasta, o processo criador. Por isso, a beleza, a verdade e a harmonia constituem algumas das unidades dessa multiplicidade universal.

Se entendemos a arte como um processo, podemos considerá-la uma constante busca desse universal, do qual fazem parte os referidos valores. No entanto, toda criatividade — qualquer que seja o campo em que se desenvolva — buscará, com um enfoque particular da realidade, determinados aspectos desses valores para iluminá-los e ressaltá-los. Conforme o campo em que vai se desenvolver, modifica-se o modo de operar da criatividade. Será diferente o modo de operar da criatividade científica ou da criatividade lingüística, se comparados ao modo de focalizar a realidade próprio da criatividade artística.

A ciência e a linguagem influenciam os processos de abstração da realidade. Por isso, tanto o conceito científico como a palavra serão sempre, como produtos de tais processos, reduções da realidade. A criatividade artística, ao contrário, distingue-se por buscar efeitos de intensificação dessa realidade. A arte é uma tarefa de constante concreção, e são suas concreções que vão plasmando a produção artística. A criatividade psicodramática, por sua vez, combina e sintetiza os modos antes descritos de enfoque da realidade, e nela intervém tanto por efeitos de intensificação como por processos de abstração.

A produção da criatividade psicodramática tende, especificamente, a plasmar no indivíduo novos modos de ser, de desempenhar papéis e de se vincular. A criatividade é, para o pai do psicodrama, a constante possibilidade humana de produzir tesouros culturais (ver CONSERVAS CULTURAIS) e ao mesmo tempo permitir a cada ser humano um enriquecimento contínuo dele mesmo e de suas relações.

Segundo Moreno, o homem vem ao mundo com um cabedal de criatividade e espontaneidade que o habilita a enfrentar sua primeira mudança fundamental, o nascimento, a partir do qual viverá em equilíbrio constante entre ele mesmo, com suas necessidades, desejos etc. e o mundo circundante. O exercício permanente de sua criatividade (ou seja, sua capacidade de modificar ou se modificar) manterá esse equilíbrio.

Na dramatização, criatividade é a forma mais desenvolvida da espontaneidade no desempenho de um papel e, neste sentido, ela é considerada uma qualidade da ação dramática (ver ESPONTANEIDADE).

A partir de Moreno, em diversos campos das ciências do homem, continua-se refletindo sobre o tema da criatividade. Embora as contribuições de todos esses campos sejam muitas, nós, psicodramatistas, temos trabalhado em diferentes linhas, que merecem ser levadas em consideração. Além dos autores deste dicionário, também Fidel Moccio se especializou nessa área. Ainda quanto à criatividade, outro autor, Carlos Martínez Bouquet, em seu *Teoría de la Escena*, propõe, pelo menos três significados diferentes: como condição que leva um artista a produzir obras-primas, ou mesmo os não-artistas a produzirem outro tipo de obras geniais; como condição de um artista, ou não artista, que o capacita a produzir uma obra, um objeto etc., pessoal e autêntico; como capacidade de expressão de um indivíduo.

A seguir, esse mesmo autor, que transcrevemos textualmente, afirma que "a criação de uma obra passa por dois momentos que podem ser simultâneos: a produção... na vida do autor, de uma 'melodia latente' e... o aparecimento dessa 'melodia' no âmbito manifesto como forma artística ou outra produção 'discursiva': a plasmação da obra". No mesmo trabalho, Martínez Bouquet diz: "A criatividade é a capacidade de originar formas... a partir de estágios elevados do ser... em planos formais mais próximos do âmbito manifesto".

CRISE

É necessário diferenciar o conceito de crise do conceito de **conflito**. Crise, no sentido grego original, significa a encruzilhada diante da qual é preciso escolher (tomar, inexoravelmente, alguma decisão, porque mesmo quando não se toma nenhuma, se está escolhendo não escolher). Para o homem, qualquer crise sempre implica, pelo menos, uma unidade de opostos que se apresentam e que, às vezes, até pode provocar mais de uma oposição; mas sempre vai obrigá-lo a tomar algum partido. O que nem sempre acontece na crise é o conflito. Para que uma crise sobrevenha ou se transforme em conflito é necessário que um dos pólos da oposição seja hostil ao outro. Em sua escolha entre isso ou aquilo, o homem mostrará sua força e sua fragilidade (um exemplo de unidade de opostos) e, muitas vezes, em sua fragilidade, encontrará justamente sua verdadeira vitória. Por exemplo, em uma discussão, ao saber perder perante um argumento persuasivo do outro, terá aceito a fragilidade de sua opinião anterior, mas, nesse mesmo momento, também terá ganho, tanto em modéstia quanto em aprendizagem.

Se, pelo contrário, a discussão acaba sendo conversa de surdos e se perdê-la for considerado imbecilidade, e ganhá-la, teimosia, ou se evitá-la for considerado covardia, então percebemos que a unidade de opostos já se tornou um conflito. Para que uma crise vincular se transforme em conflito, cada pólo ou cada papel deve converter-se no contrário do outro, e esse antagonismo sempre implica a desvalorização hostil de um em relação ao outro, e vice-versa (ver CONFLITO DRAMÁTICO, CONFLITO NODAL LATENTE).

CRITÉRIO SOCIOMÉTRICO

É o motivo (ou móvel comum) que leva os integrantes de um grupo, no mesmo impulso espontâneo, para um fim determinado (por exemplo, a procura de um teto, de alimento, de amor, a necessidade de um companheiro etc.).

Para que uma investigação sociométrica seja válida, deve-se incorporar um critério às perguntas do teste sociométrico. A pergunta "Quem você prefere neste grupo?" não tem qualquer validade sociométrica se não houver critério. Para trabalhar, para estudar, para passear etc. são critérios distintos que vão estimular estruturas sociométricas distintas, conforme o critério do grupo.

Além disso, o critério deve estar verdadeiramente ligado ao objetivo da procura. Por exemplo, a investigação sobre as preferências dos alunos de uma classe a respeito de seus companheiros é válida se o grupo tiver a convicção de que, uma vez descoberta a matriz sociométrica do grupo, far-se-á a organização externa coincidir com ela. Por exemplo, se têm a convicção de que, uma vez descobertas as preferências relativas aos companheiros de sala, de acordo com elas será modificada a distribuição dos alunos na sala de aula. O critério deve ter dois objetivos básicos, e que devem ser alcançados: um diagnóstico, e o outro de modificação estrutural.

CULPA AUTÊNTICA

Sempre que a ansiedade básica adulta, que Moreno denominou fome de transformação, for traída sem ter podido ser canalizada no sentido da liberdade, espontaneidade, criatividade, responsabilidade e justiça ao projeto existencial, e sempre que, por alguma omissão ou por algum ato concreto e definitivo, o projeto profundo da existência for alienado, de alguma forma a culpa irromperá. Quando esse sentimento for aceito como "culpa existencial", virá à tona como um sentimento autêntico, permitindo que indivíduo enfrente a própria responsabilidade para corrigir o rumo do projeto existencial alienado. Se isso não ocorrer, a culpa vai se deslocar completamente e assumir a forma de culpa inautêntica encobridora, ou a forma de **culpa neurótica**. Da mesma maneira, poderá se tornar uma carga emocional protopática, sem poder chegar à possibilidade de qualquer afeto claro e aparecer de maneira obscura em um sintoma (o corpo grita o que a mente não quer compreender).

CULPA EXISTENCIAL

É a ansiedade por ter-se tornado culpado. Paul Tillich definiu-a como "experiência de se sentir culpado por alguma omissão ou por algum ato concreto e definido, que expressa a alienação geral da nossa existência; um ato ou omissão cuja responsabilidade é impossível de negar, apesar do elemento de destino nele presente".

Quando a ansiedade básica adulta, que Moreno denominou fome de transformação, não é canalizada no sentido da atividade criadora, irrompe a culpa. A forma genuína e autêntica dessa irrupção é a vivência da culpa existencial.

CULPA INAUTÊNTICA

É o sentimento irresoluto e deslocado que tenta, de alguma forma, encobrir o sentimento resolvido e autêntico de culpa existencial (ver CULPA EXISTENCIAL) que sempre está subjacente a ela. A culpa inautêntica resulta, portanto, da culpa autêntica, e aparecerá quando esta tiver sido negada ou reprimida. Ela pode assumir a forma de culpa neurótica (ver CULPA NEURÓTICA) e, inclusive, pode ser negada ou reprimida, aflorando mais cedo ou mais tarde, sob a forma de sintoma (ver TRILOGIA DA CULPA).

CULPA NEURÓTICA

É o sentimento de culpa compulsivo e deslocado. Esse sentimento em geral trata de encontrar, de forma mais ou menos obscura, uma saída apaziguadora na busca infantil de um castigo. Dessa maneira, o castigo em si funciona como benefício, embora seja sempre um pseudo-benefício neurótico.

D

DEUTERAGONISTA

É o elemento (ou pessoa) que desempenha o papel que complementa ou completa o objetivo do protagonista durante uma ação determinada. É aquele que desempenha o papel complementar (exemplo: o copo de água, com relação a um protagonista com sede, um pai que apóia um filho em seu pedido de liberdade perante um mandato materno).

DÍADE

Também denominada **par sociométrico**. É a configuração sociométrica que se evidencia no sociograma quando dois integrantes de um grupo aparecem relacionados entre si, mas isolados do restante do grupo.

DIÁLOGO

É uma técnica dos procedimentos dramáticos, por meio da qual o protagonista fala e atua com outro(s) ego(s) auxiliar(es), que, por sua vez, segue(m) as instruções (*consignas*) do protagonista ou do diretor.

DINÂMICA DE GRUPO

Assim se denomina o conjunto de teorias que estudam e explicam os fenômenos grupais. Denominam-se, por sua vez, **técnicas grupais**, todos os procedimentos que permitem intervir em grupos humanos. A denominação "dinâmica de grupo" foi incorporada às ciências humanas em geral e à psicologia social em particular por Kurt Lewin e pelos continuadores de sua linha de investigação. J. L. Moreno denominou esta disciplina sociometria.

A concepção moderna da antropologia vincular inclui todas estas (e muitas outras) contribuições como diferentes unidades didáticas de um **confluente teórico comum**. É preciso deixar bem claro que não se deve confundir a dinâmica de grupo (teoria) com o **desenvolvimento dinâmico dos fenômenos grupais**. Esses fenômenos, para serem melhor compreendidos, podem ser classificados da seguinte maneira: de interação grupal, de aprendizado grupal e de produção grupal. Essa classificação pode ser aplicada a qualquer grupo humano, quaisquer que sejam seus objetivos.

Os fenômenos de elaboração, de *insight*, de compreensão, de catarse integradora e de reestruturação, correspondem, nos grupos terapêuticos, aos fenômenos de produção. Nesse sentido, têm o mesmo valor produtivo de uma descoberta científica, em um grupo de investigação; ou de um protótipo material, em um grupo empresarial.

DIRETOR DE PSICODRAMA

O diretor de psicodrama é um dos cinco instrumentos utilizados pelo método psicodramático. Em um grupo de psicodrama, ele, em conjunto com os egos-auxiliares profissionais, constituem a equipe técnica terapêutica. Nesse sentido, formam o perfil profissional da função de agente terapêutico, embora não a esgotem (ver AGENTE TERAPÊUTICO).

A denominação tem origem na terminologia teatral, e nesse sentido é utilizada por Moreno. Entretanto, é importante considerar que a experiência teatral em que ele se baseou pertence ao período do anti-romantismo. Assim como Antoine e Copeau, na França, ou Stanislavski, na Rússia, Moreno, em sua fase de **homem de teatro**, em Viena, considerava o papel do diretor como o de um orquestrador ou facilitador do fenômeno teatral, tanto no aspecto da encenação quanto na tarefa da direção dos atores. Esta foi uma reação às práticas ditatoriais dos *capocômicos* do teatro romântico do período decadente. Por isso, a palavra diretor deve ser entendida neste sentido, e não interpretada com a conotação de um papel fortemente diretivo. Algumas escolas psicodramáticas preferem utilizar a palavra **coordenador** para enfatizar a acepção de facilitador de um processo.

Para Moreno, ser diretor de psicodrama implica em representar, simultaneamente, diversos papéis: diretor de cena, terapeuta ou co-terapeuta e sociatra ou analista social. No exercício do papel de sociatra ou analista social, o diretor coordenará o trabalho grupal no decorrer da sessão. Estará constantemente atento ao desenvolvimento do grupo e ao que ele pode e deve produzir, facilitando o estabelecimento de redes sociométricas, percebendo suas modificações e esclarecendo-as constantemente, facilitando assim a livre expressão dos papéis grupais. Perceberá e promoverá a leitura do emergente grupal que expresse o ponto de coincidência, entre o aquecimento do grupo e o de um ou de vários integrantes, que cristalizará no surgimento de um protagonista. Manterá o grupo permanentemente dentro de um contexto, levando em consideração a demarcação entre o contexto social, grupal e dramático. Todas essas funções serão realizadas com a participação e o intercâmbio grupal. A maior preponderância deste papel de coordenador ocorrerá durante a etapa de aquecimento.

No papel de **diretor de cena** — ou **diretor de ação dramática** — ele deve estabelecer um forte vínculo com seu protagonista, que lhe permita, ao exercitar sua tele, a percepção dos papéis aquecidos e suas áreas de urgência, para selecionar corretamente as chaves dramáticas (ver CHAVES DRAMÁTICAS) que conduzirão à dramatização, ao encontro da cena nuclear conflitante (ver CENA NUCLEAR CONFLITANTE) que promova no protagonista uma **catarse de integração** e, no grupo, **atos de compreensão**.

O processo que descrevemos requer uma atitude de disponibilidade que obriga o diretor a conhecer profundamente os pontos obscuros de sua percepção, seus papéis em conflito ou pouco desenvolvidos, e também seu trabalho pessoal com eles, para poder instrumentá-los positivamente a serviço do protagonista e trabalhar de maneira clara os aspectos transferenciais nele depositados.

Na direção de um sociodrama ou em um *role-playing* (ver ROLE-PLAYING, SOCIODRAMA), o diretor deverá mudar o objetivo de sua direção para adequá-lo ao objetivo grupal, tirando-o da área do protagonizar pessoal para levá-lo, exclusivamente, ao trabalho com os papéis sociais. O exposto será válido, tanto no aprendizado dos papéis como no estudo do funcionamento do grupo em seu sociodrama, onde, do enquadramento e do contexto dados pelo diretor dependerão o funcionamento e a pertinência do trabalho grupal.

Segundo Moreno, qualquer integrante de um grupo é um agente terapêutico dos outros; mas, para o diretor de psicodrama, essa função fundamental dá sentido ao seu trabalho. Seu objetivo, como terapeuta, será o crescimento, desenvolvimento e enriquecimento de todos e de cada um dos membros do grupo.

Essa função terapêutica, presente em todas as etapas da sessão psicodramática, adquire preponderância na última, destinada ao compartilhamento e aos comentários, em que o diretor deve instrumentalizar tudo que foi produzido pelo grupo, para que adquira características terapêuticas, orientará os *insights* e as mudanças de atitude, promovidas e facilitadas pela dramatização, para que os processos elaboradores sejam canalizados e sedimentados, adquirindo sentido e realidade. Todo o trabalho do diretor de psicodrama deve ser sustentado por uma atitude que Carlos Menegazzo propôs denominar atitude ideodramática (ver ATITUDE IDEODRAMÁTICA).

DRAMA

Termo de origem grega que significa ação, evento, acontecimentos. A palavra "ato" significa, em grego, a ação que está se realizando. Em latim, corresponde à palavra *actio*, o mesmo vocábulo cuja raiz, *act*, passou para nosso vocabulário como atividade, atuar, ato (ver ARTE DRAMÁTICA).

Em seu livro *Psicodrama*, Moreno define o drama mais como uma extensão da vida e da ação, do que como sua imitação. Disse que, "onde há imitação, a ênfase não está no imitar, mas na oportunidade de recapitular problemas não resolvidos, dentro de um ambiente social mais livre, mais amplo e mais flexível".

DRAMATIZAÇÃO

Expressão utilizada por Moreno como sinônimo de atuação terapêutica (ver ATUAÇÃO): implica em todos os atos que se realizam no "como se" psicodramático com um enquadramento claro e preciso, e onde, por consenso, foi delimitado um espaço (o cenário) como o lugar onde vai transcorrer a ação dramática. Tudo que aí ocorrer terá as limitações criadas pela presença concreta dos que realizam a ação, mas terá a liberdade total proporcionada pela atemporalidade do imaginário. Por isso, Moreno chamou de dramatização a atuação controlada e terapêutica realizada no cenário psicodramático. É com ela que trabalha o psicodrama. Ela é a segunda etapa da sessão de psicodrama e exclusivo do trabalho psicodramático, que intervém fundamentalmente nos vínculos através da ação. A dramatização sai do campo puramente psicológico para integrar o ato. A ação dramática produtora de atos criadores resulta em uma mudança naquele que a realiza e no meio circundante.

O psicodrama considera que o homem é integrado por um conjunto de papéis potenciais e atuais, produto dos numerosos atos criadores que realiza durante sua vida. A dramatização, por meio do trabalho realizado em três áreas — corporal, imaginária e simbólica —, permite investigar, reparar e recriar todos aqueles aspectos que ficaram estacionários durante a construção do átomo cultural (ver ÁTOMO CULTURAL).

Na dramatização, cumpre-se um programa que inclui uma seqüência ordenada de situações dramáticas: busca indeterminada do papel, busca determinada do papel, delimitação do papel em conflito, de sua matriz e de seu *status nascendi*, inversão de papéis e compreensão dos papéis complementares, assunção criativa do próprio papel.

DRAMATIZAÇÃO À DISTÂNCIA

É uma técnica dramática operativa, que permite abordar um paciente ausente. É útil, por exemplo, quando um dos integrantes de uma família (ou outro sistema ou constelação afetiva), resiste ao trabalho clínico sociodramático. O papel é representado por um ego-auxiliar, que mantém com o ausente um vínculo, sendo intermediário entre o paciente e o diretor. Essa técnica foi proposta e utilizada por Moreno desde suas primeiras investigações.

DRAMATIZAÇÃO DOS SONHOS

Procedimento dramático que permite investigar os conteúdos e os significados dos sonhos. Para tanto, a premissa fundamental é respeitar a situação onírica, ou seja, não sair do contexto onírico para encontrar a solução.

No aquecimento, o protagonista traz para o palco a situação que precedeu seu adormecer: prepara a cenografia e a mobília do seu quarto, recorda se houve alguma conversa ou situação significativa antes de dormir e, depois, começa a reconstruir o sonho e representá-lo dramaticamente, para, enfim, buscar sua reestruturação no caminho da **resolução simbólica**. Então, todos elementos oníricos adquirem uma importância especial, exatamente por seu caráter simbólico. O trabalho com o protagonista será o de desmembrar as estruturas e os atos do sonho na dramatização, situando-se no maior número possível de lugares e papéis, até encontrar a compreensão adequada, totalizando-os em uma única Gestalt.

DUPLO

Técnica psicodramática utilizada quando o protagonista (ver PROTAGONISTA) não pode expressar sentimentos ou pensamentos — por timidez, inibição, culpa ou repressão. Apela-se então para o sincretismo, ou seja, para a matriz de identidade total indiferenciada, onde se unem as experiências indiscriminadas e atemporais do "eu" e do "não-eu". O ego-auxiliar que faz o papel do duplo coloca-se ao lado do protagonista, na mesma atitude corporal que ele (etapa da mimese), onde se maximiza o espaço télico. Em uma segunda fase, aparece o questionamento das afirmações ou negações do protagonista, e em uma terceira fase o ego-auxiliar entra no interjogo dialético, em que os conteúdos reprimidos ou dissociados começam a se tornar conscientes.

DUPLO MÚLTIPLO

De acordo com a técnica do duplo (ver DUPLO), diversos ego-auxiliares assumem diferentes papéis do protagonista, que correspondem, por exemplo, a diferentes momentos de sua vida evolutiva. Isso permite entrar em contato com imagens do passado ou com projeções do futuro do tipo exploratório.

É uma técnica especialmente utilizada no procedimento do **psicodrama ancestral**, para a elaboração de cenas pré-biográficas e arquetípicas.

E

EFEITO SOCIODINÂMICO

É assim chamado o acontecimento sociométrico produzido quando se deixa sistematicamente de lado certo número de integrantes de um grupo com o qual se está trabalhando.

EGO-AUXILIAR

Moreno considera-o um dos cinco instrumentos do psicodrama. Ele extraiu esse conceito da experiência do ato de nascimento (ver EGO-AUXILIAR NATURAL).

Na situação experimental do psicodrama, considera-se indispensável a função do ego-auxiliar, como elemento necessário à compreensão do processo interpessoal que se desenvolve no cenário, assim como um veículo para o tratamento.

A função do ego-auxiliar é a de um "ator" que representa pessoas ausentes, como elas aparecem na vida privada do paciente, segundo as percepções que temdos papéis íntimos ou das figuras que dominam seu mundo. Pode ser desempenhada por um ego-auxiliar espontâneo ou por um ego-auxiliar profissional (ver EGO-AUXILIAR ESPONTÂNEO, EGO-AUXILIAR PROFISSIONAL).

EGO-AUXILIAR ESPONTÂNEO

Denomina-se ego-auxiliar espontâneo o companheiro de grupo que assume a função de ego-auxiliar por escolha do protagonista. Quando essa escolha do ego-auxiliar espontâneo é feita em um plano tele (ver TELE) adequado, seu desempenho pode ser muito enriquecedor para o trabalho terapêutico.

Os riscos a serem considerados no trabalho com esse ego-auxiliar são: de que ele se transforme em protagonista, se a situação dramática o aquecer no caminho de uma cena nuclear conflitante própria; que sua espontaneidade não esteja suficientemente treinada, de forma que não possa representar com liberdade os papéis que lhe são propostos.

EGO-AUXILIAR NATURAL

Ao descrever o ato do nascimento, que para ele constitui um arquétipo de seu modelo terapêutico, Moreno disse: "Assim como (as) crianças necessitam de ajuda para comer, dormir etc., o ego-auxiliar natural (é) uma extensão do próprio eu, necessário para que viva adequadamente..."

A teoria dos papéis define como ego-auxiliar natural aquele que atua a serviço do indivíduo como um prolongamento físico do mesmo, para que ele consiga aquilo que ainda não pode conseguir sozinho. A mãe interage com seu bebê como uma extensão dele. Sua função materna está a serviço do bebê, para prové-lo de tudo que ele necessita e ainda não pode por si só. A função de mãe é o paradigma natural do conceito de ego-auxiliar em psicodrama.

EGO-AUXILIAR PROFISSIONAL

Em psicodrama, é definido como ego-auxiliar profissional um ou vários integrantes da equipe técnica especificamente treinados para esse desempenho (ver EGO-AUXILIAR).

O ego-auxiliar profissional tem uma função dupla: de auxiliar do protagonista ou paciente e de ajudante do terapeuta principal ou diretor (ver DIRETOR DE PSICODRAMA).

Sua tarefa essencial é estar a serviço do protagonista: como ator, representando os papéis requeridos pelo mundo deste protagonista, e como agente terapêutico, guiando-o por estímulo em suas ansiedades, carências e necessidades.

Para levar essa função a cabo com idoneidade, ele deverá conhecer seu próprio repertório de papéis e seus limites; ter trabalhadas as potencialidades de seus papéis latentes, para facilitar sua máxima emergência e dominar adequadamente o próprio instrumento corporal e verbal a serviço de sua interação com o protagonista. Deverá executar todas as técnicas psicodramáticas, interpretando as ordens do diretor no momento oportuno.

Um ego-auxiliar profissional assim formado está em condições de realizar sua tarefa básica, que é proporcionar o "outro significativo complementar" ao protagonista, sempre que este solicitar ou dele necessitar na tarefa psicodramática.

EGO OBSERVADOR

Moreno denomina assim a parte (função) do ego, papel ou conjunto de papéis que funciona como **observador participante** e registro dos próprios atos.

Para que um sujeito possa recordar *a posteriori* aquilo que lhe aconteceu durante o ato, deve registrar os acontecimentos nos quais esteve imerso, passo a passo, durante todo o desenvolvimento do processo de atemperação desse mesmo ato. Certa porção do ego deve poder se afastar do próprio ato para registrar o fato.

Segundo Moreno, um acontecimento só poderá ser recordado quando for assim registrado, e só se for registrado poderá também ser esquecido. Quando um sujeito adequadamente aquecido não pode recordar um determinado ato e não pode resgatar nenhum aspecto do mesmo, pode-se pensar que, durante esse ato, todas as suas partes estavam incluídas no mesmo, e por isso não pôde aparecer nenhum papel observador que funcionasse como registro. Será, portanto, um ato que compromete todo o indivíduo e que ocorre para ele na matriz de identidade, embora aparentemente ocorresse, por exemplo, na matriz social.

ELEMENTOS DO PSICODRAMA

No psicodrama (assim como em qualquer outro procedimento dramático), podem ser diferenciados elementos metodológicos distintos: instrumentos (ver INSTRUMENTOS), etapas (ver ETAPAS), contextos (ver CONTEXTOS), níveis, técnicas, táticas (ver TÁTICAS PSICODRAMÁTICA).

Diferenciá-los com rigor proporcionará clareza metodológica e precisão operacional.

EMPATIA

Denomina-se empatia a união ou fusão emotiva com outros seres e objetos (que se considera animados). O termo alemão original foi adotado por Herder e por Novalis, mas foi difundido por Theodore Lipps, queo utilizou para esclarecer a natureza da experiência estética. Segundo Lipps, essa experiência, que possibilita o conhecimento de outros seres, ocorreria por um ato de imitação e de projeção. Conforme o critério de Lipps, essas captações ressoantes, com seus fenômenos de reprodução, seriam devidas à imitação das manifestações corporais dos demais seres. Tais imitações reproduziriam em nós as emoções contidas nessas manifestações. Adotar a atitude postural do outro nos coloca no estado emotivo da pessoa a quem essas manifestações pertencem.

O conceito foi logo abandonado, por estar em oposição aos esquemas teóricos e investigações posteriores, como, por exemplo, de Max Scheler, para quem os fenômenos de compreensão ou de **simpatia** não tinham nada a ver com a empatia ou a fusão emotiva.

Nas escolas fenomenológicas, muitas outras linhas seguiram esse mesmo critério de Max Scheler. Todavia, os desenvolvimentos atuais da antropologia filosófica (Gabriel Marcel, R. Kush, C. Cullen e G. Rebok), assim como as novas descobertas das pesquisas realizadas em **fenomenologia télica profunda**, ao trabalharem especificamente nos planos primordiais da vincularidade (Foultes, Usandivaras, Castellá, Menegazzo, Tomasini etc.) reabrem a discussão sobre esse conceito.

ENCONTRO

É uma das bases conceituais do pensamento filosófico de Moreno e um dos princípios de sua visão antropológica. Por isso, é um conceito angalar na construção de seu modelo psicoterapêutico.

"No princípio foi o Verbo", diz o Evangelho segundo São João.

"No princípio foi o Ato", diz Fausto, no mito de Goethe, paradigma do romantismo.

"No princípio foi o Encontro", insiste Moreno. Além disso, impregnado do pensamento das correntes filosóficas vitalistas, subjacentes às suas teorias, e pelos trabalhos de Kierkegaard e Buber, entre outros, Moreno expôs o encontro como uma das possibilidades humanas na relação consigo mesmo, com o outro no mundo e com a transcendência.

Para que tal encontro — extremamente difícil, mas não impossível — possa acontecer, para que possa florescer a verdadeira integração do homem com os demais homens, e da humanidade consigo mesma, deverão ser superados os estereótipos técnicos, científicos e culturais, o que dará lugar, segundo Moreno, ao desenvolvimento da liberdade, da espontaneidade e da criatividade.

Para Moreno, a palavra encontro e o conceito de tele (ver TELE) são sinônimos. Não apenas as relações de atração ou amistosas, mas também as hostis e de choque (choque para o encontro) são fundamentais para chegar a um encontro autêntico.

Em sua opinião, o encontro nunca pode estar preparado nem ser constituído antecipadamente, nem ser planejado, examinado ou perscrutado: só pode acontecer sob a égide do momento.

ENCONTRO SIMÉTRICO/ASSIMÉTRICO

Dalmiro Bustos formula que existem vocábulos unívocos que denominam as relações simétricas. Por exemplo, namorados, amantes etc. A denominação unívoca recai sobre o vínculo, quando designa papéis de funcionamento horizontal, simétricos.

As relações assimétricas carecem, por seu lado, de um nome unívoco. Fala-se relação pai-filho, professor-aluno, empregador-empregado, ou seja, cada uma das partes que se relaciona recebe um nome, como se este vínculo carecesse de um nome específico.

A simetria permite um encontro de qualidade diferente: a responsabilidade é a mesma. A assimetria é portadora de uma responsabilidade não igual, mas proporcional ao papel.

A relação terapêutica é assimétrica e desigual pelos seguintes motivos: é o paciente que busca os serviços do profissional; é o paciente que paga os honorários fixados pelo terapeuta;

as normas de cada papel não são as mesmas. A diferença fundamental é que o segredo profissional só envolve o terapeuta. Nesse sentido, há que se ter cuidado com aquilo que se compartilha com o paciente no *sharing* terapêutico, pois ele não está envolvido por esta exigência de segredo.

Buscar uma horizontalidade na relação terapêutica é desconhecer a natureza profundamente assimétrica e desigual deste vínculo, e pode gerar regras confusas e anárquicas.

Isso não quer dizer que o encontro assimétrico não seja possível. Ele tem regras contratuais distintas de um encontro simétrico e só se estas regras não forem respeitadas é que o encontro se torna impossível.

Se cada membro de uma relação conhece seus direitos e obrigações e os respeita, o crescimento é possível. Quando isso não ocorre, a relação é matriz de mensagens contraditórias, isto é, patogênica em si mesma.

ENTREVISTA

(Ver REPORTAGEM.)

EQUIVALENTE TRANSFERENCIAL

Este termo, criado por Sérgio Perazzo, designa as diversas formas pelas quais a transferência se evidencia, quer através do discurso, quer através de uma postura corporal, de um movimento, de um mecanismo de defesa ou de uma sintoma, tanto nas etapas de aquecimento (inespecífico ou específico) quanto na dramatização.

O reconhecimento desses equivalentes permite uni-los como os elos de uma corrente que seguem o percurso da transferência, desde a etapa de aquecimento inespecífico, ou da primeira cena da dramatização ou qualquer cena intermediária, até a cena em que se dá a ação reparatória (ver AÇÃO REPARATÓRIA).

ESPELHO

O espelho, assim como o duplo e a inversão de papéis, é um conceito moreniano que surge ao considerar a criação do eu a partir dos papéis que se estruturam na matriz de identidade percorrendo cinco etapas (ver MATRIZ DE IDENTIDADE).

A matriz total indiferenciada, à qual pertence a função do duplo, passará à fase total diferenciada quando aparecer a brecha entre fantasia e realidade, que permite à criança em desenvolvimento as primeiras tentativas de uma diferenciação entre o eu e o não-eu imaginário da realidade concreta, com isso surgindo a capacidade de sonhar.

Nessa segunda etapa da matriz de identidade, "a criança vai centralizar sua atenção na outra matriz, diferente dela" (Moreno, *Psychodrama* V,1,19).

Na terceira etapa, "vai se separar da continuidade da experiência", ou seja, vai começar a diferenciar um "outro" da totalidade externa dela mesma.

Na quarta etapa "vai se colocar na outra parte e desempenhar ativamente seu papel". Traçará, assim, com clareza, o perfil do outro, e, ao se "colocar ativamente em seu papel", vai inaugurar a técnica do espelho para compreendê-lo e torná-lo seu. Repetirá esse jogo com todos os seres que constituem seu mundo, e com sua própria imagem. Continuará utilizando essa técnica ao longo de sua vida, diante de tudo o que lhe for desconhecido e difícil de entender e captar, em um contínuo reconhecimento de si mesma e dos outros.

A partir dessas observações, Moreno criou a técnica do espelho para seu trabalho terapêutico psicodramático. Ela é uma valiosa técnica psicodramática, que pode ser utilizada de diversos modos:

a) o protagonista fica na platéia, e um ego-auxiliar, que estudou cuidadosamente seu modo de agir, representa-o no cenário;

b) um ego-auxiliar fica no cenário, e repete, diante do protagonista, como um espelho, sua atitude corporal, seus movimentos e atitudes;

c) de maneira estática, o ego-auxiliar mostra, como uma fotografia, a figura cênica; ou representa de maneira dinâmica a totalidade de uma cena em movimento.

d) a utilização do videoteipe poupa o ego-auxiliar da dificuldade da reprodução exata, sendo, portanto, um recurso valioso para esta técnica.

Em certas ocasiões, é preferível, em vez de uma representação fiel, enfatizar determinados aspectos que podem, inclusive, ser levados ao exagero (ver CARICATURA).

ESPONTANEIDADE

É um dos conceitos angulares da teoria dos papéis e da antropologia vincular.

O homem vem ao mundo com um cabedal de liberdade e de espontaneidade que é a fonte de suas possibilidades criadoras (ver CRIATIVIDADE). Por isso mesmo, em seus escritos, quando Moreno fala de espontaneidade, ele recorre às palavras *sua sponte* para enfatizar essa característica de fonte. Para Moreno, sem essa fonte, apesar de todas as dificuldades, não poderia haver projeto nem tensão de integração vincular.

Essa disponibilidade espontânea do ser humano qualifica sua capacidade lúdica inata, que cada qual aciona levado por seu impulso vital básico em suas formas de fome de atos (ver FOME DE ATOS) e fome de transformação (ver FOME DE TRANSFORMAÇÃO).

Trabalhar em psicoterapia implica encontrar-se permanentemente com os desejos humanos, entre eles os desejos de transformação, de crescimento e de elevação. Por isso, a referência constante a essa fonte e a essas disponibilidades é um elemento fundamental à tarefa psicodramática.

Por isso, ao mesmo tempo em que Moreno se preocupa com a espontaneidade, preocupa-se também com seu malogro, que se manifesta no estancamento do que ele denomina conservas culturais (ver CONSERVAS CULTURAIS). Mas, fundamentalmente, como observador cuidadoso e investigador da cena, ele descreve as variações da espontaneidade tal como aparecem no cenário dramático. Também assinala, minuciosamente, cada um dos degraus de ascensão rumo à criatividade.

Moreno situa o plano mais elementar da espontaneidade na impulsividade (ver ATUAÇÃO) e define seu plano máximo como "a capacidade de responder adequadamente (ver ADEQUAÇÃO DA RESPOSTA) a um estímulo novo", assim como "a faculdade de responder de maneira nova e adequada a um velho estímulo".

Quando Moreno dirige a observação que o psicodramatista deve realizar para avaliar o *quantum* de espontaneidade existente na própria cena, fala do desenvolvimento espontâneo como: qualidade dramática (ver QUALIDADE DRAMÁTICA), originalidade dramática (ver ORIGINALIDADE DRAMÁTICA), propriedade dramática (ver PROPRIEDADE DRAMÁTICA).

ESTRELA

Assim se denomina a configuração sociométrica que aparece no sociograma, quando um integrante é escolhido por cinco ou mais membros do grupo em estudo.

ETAPAS

Assim se denominam os períodos em que se subdividem metodologicamente as sessões de psicodrama, sociodrama, desempenho de papel e psicodança. Todas essas sessões têm três etapas: aquecimento, dramatização e comentários (ver AQUECIMENTO, DRAMATIZAÇÃO, COMENTÁRIO).

ETNODRAMA

Com essa denominação se distingue um tipo de sociodrama aplicado especificamente à resolução de conflitos suscitados por choques étnicos, raciais e culturais, em um mesmo grupo operativo.

EU

A teoria dos papéis redefine o "eu" e visualiza-o como um átomo cultural (ver ÁTOMO CULTURAL ORIGINÁRIO) ou conjunto de papéis estruturado em um núcleo basal (papéis psicossomáticos). O eu, assim redefinido, é, para cada homem, o requisito e a possibilidade de qualquer vínculo e qualquer conhecimento, de qualquer choque e encontro. Essa concepção do eu é o ponto de partida para uma nova compreensão do homem. A teoria dos papéis pressupõe uma antropologia.

Para Moreno, o eu surge dos papéis — é uma estruturação que aparece tardiamente no processo evolutivo de cada indivíduo. Os aspectos captáveis e reconhecíveis do eu manifestam-se nos papéis e o eu atua por meio dos papéis.

O desprendimento da matriz materna, na passagem do feto pelo canal do parto, aquece e estimula fisicamente a criança e promove o surgimento do papel psicossomático contactador, no novo meio aberto da matriz de identidade. Imediatamente, o primeiro ato respiratório inicia o recém-nascido em seu novo modo de ser. Quase conjuntamente com o papel respirador, vão surgindo os outros papéis psicossomáticos, de ingeridor, de urinador, de defecador etc., como atos primigênios. Essa afluência de atos, cada vez mais complexa, vai paulatinamente se conglomerando em estruturas de papéis que tendem a confluir enfim em uma totalidade integrada. Essa tendência constitutiva realiza-se por cachos de papéis que se assentam nos papéis primigênios, denominados "papéis psicossomáticos", que, por sua vez, são o pivô de todos os demais. Os papéis psicossomáticos, decorrentes das necessidades fisiobiológicas infantis, buscando arduamente sua satisfação no meio aberto, promovem na mãe a rítmica solicitude sedativa e complementar. Os papéis psicossomáticos fundantes, nessa inter-relação com seus complementares, serão os eixos básicos de toda a estrutura posterior.

O desenvolvimento da identidade humana integra um mosaico dinâmico de constantes inter-relações. É clara a analogia entre a concepção moreniana e o mosaico de zonas erógenas, com o qual a psicanálise trabalhou teoricamente. No substrato teórico moreniano há também uma forte raiz evolucionista biológico-genética, assim como a influência das correntes de pensamento que concebem a existência humana como possibilidade de se desdobrar em vínculos. Pode-se notar que, em suas elaborações teóricas dos papéis psicossomáticos, Moreno trabalhou exaustivamente o papel ingeridor, observando cinco etapas em sua evolução.

Rojas Bermúdez denominou **núcleo do eu** a estrutura integrada pelos papéis psicossomáticos de ingeridor, de urinador e de defecador. Seguindo as teorias de Pichon Rivière e Bleger, neles centraliza as possibilidades adultas de relacionamento com a área do pensar, a área do sentir e a área do fazer (mente, corpo e mundo).

Para nós, além disso, o primeiro papel psicossomático que surge na matriz de identidade — o papel contactador — define, desde os momentos iniciais de seu desdobramento com seus complementares, as modalidades posteriores do indivíduo em seus futuros atos de ternura e vigor, ou nos de violência, fuga e paralização. A emergência do papel respirador imprime, ao mesmo tempo, os modos de conduta que cada indivíduo vai representar perante a mudança.

Se aceitamos a concepção segundo a qual os aspectos captáveis e conhecíveis do eu aparecem no modo como os papéis acontecem, devemos aceitar também que os modos de suas emergências fundantes e os climas afetivos que os moldaram originariamente repercutem profundamente em seus modos de se reeditarem. Esse é um dos conceitos básicos da antropologia psicodramática. Toda situação irresoluta que aqueça uma emergência fundante de qualquer papel tenderá a condicionar todo o aspecto do eu relacionado a esse papel e repercutirá profundamente na esfera psíquica, corporal ou social do indivíduo (ver CENA TRAUMÁTICA, CENA NUCLEAR CONFLITANTE). Os climas afetivos das situações em que se plasmaram as emergências fundantes dos papéis condicionarão as possibilidades de relação e os modos de ser que cada homem desempenhará no mundo em que lhe caiba viver. Os interjogos ocorridos nessas situações biográficas e os encontros ou choques com as funções, figuras e personagens parentais durante esse processo biográfico serão os condicionadores. Esses climas tenderão a reaparecer sempre que forem aquecidos da mesma maneira, e interferirão em escolhas e integrações existenciais.

EXISTENCIALISMO

Existencialismo é um conjunto de filosofias ou tendências filosóficas que têm em comum a análise da existência, e diferem em seus pressupostos e conclusões. Por isso, a análise existencial é a análise das situações mais comuns em que o homem pode se encontrar. Para o existencialismo, **existir** significa estar em relação com o mundo ou com os outros homens e essa situação só pode ser analisada em termos de possibilidade. Essa análise foi feita pela fenomenologia, que elaborou o termo **transcendência**. Assim sendo, a análise existencial é uma análise de relações, mas não de relações estáticas, e sim em termos de possibilidades.

O fato de que uma coisa seja possível significa que "eu espero" ou "eu projeto", portanto, a possibilidade tem um caráter precursor. No entanto, a espera ou o projeto continuam sendo possibilidades cuja realização é mais ou menos certa, mas não infalível. Por isso, a categoria fundamental descritiva e interpretativa do existencialismo é o **possível**. A partir disso, podem ser esquematizadas as diferentes tendências do existencialismo: a) impossibilidade do possível, b) necessidade do possível, c) possibilidade do possível.

a) em meados do século XIX, Kierkegaard insistiu na importância da categoria do possível. Referia-se a quatro tipos de relações: as relações consigo mesmo, com os outros, com o mundo e com Deus. As relações do homem com o mundo são regidas pela **angústia**; as relações consigo mesmo são regidas pelo **desespero**; e a relação com Deus é dominada pelo **paradoxo**. Como vemos, ele concebe o possível com um aspecto ameaçador e negativo. Heidegger aprofunda-se na mesma problemática e define a existência como transcendência e projeção, que no fundo são impossíveis; de tal forma que a existência pode ser o que já foi. Jaspers segue na mesma linha, assim como Sartre, para quem o homem é "o ser que projeta ser Deus", mas trata-se de um Deus ausente, e cada caso acaba em fracasso. "O homem é uma paixão inútil."Essa tendência desembocou em uma "filosofia negativa", em que dominam a angústia, o perigo e o fracasso.

b) a segunda interpretação considera a possibilidade, não como impossibilidades reais, e sim como potências (no sentido aristotélico do termo). Assim, a possibilidade deixa seu sentido negativo, visto que, sendo potência, está "destinada a se realizar". Marcel se inscreve nessa linha. Considera que o ser só se revela no **mistério** que o circunda. Essa corrente tem um caráter e uma finalidade preferencialmente religiosa, mas tem, filosoficamente, o defeito de ser uma apologia da realidade humana, mais do que uma tentativa de compreendê-la.

c) a terceira interpretação, da escola italiana (N. Abbagnano), centra as possibilidades existenciais — assumidas e mantidas como tais — sem ir além de suas possibilidades nem suas impossibilidades (diante de uma possibilidade abre-se uma busca dirigida ao estabelecimento dos limites e das condições da mesma). Evidentemente, essa linha tem uma tendência naturalista e empírica. O homem não seria jogado no mundo sem ajuda nem condicionado ao fracasso, mas dispõe de garantias parciais e limitadas que lhe são oferecidas pela experiência com suas técnicas e modo de vida, e também pela possibilidade de encontrar e viver outras experiências, novas, abertas pelas precedentes.

Estas últimas correntes se inserem no chamado "existencialismo positivo", uma das fontes da antropologia vincular.

F

FACULDADE DE RESSONÂNCIA TELEPÁTICA

A clínica pediátrica demonstrou a faculdade de ressonância telepática — própria da criança em relação às transmissões afetivas de sua mãe. Sabemos de que maneira, tanto no feto quanto na criança, determinadas disfunções, enfermidades ou sobressaltos podem ser motivados pelas ansiedades, medos e sentimentos de culpa emitidos pela mãe. Há muitos anos, a prática pediátrica, levando isso em conta, vem instituindo táticas que tendem a reparar e conter as angústias e tribulações maternas. Essa capacidade receptiva da criança foi denominada por Moreno faculdade de dublagem e, a partir dela, foi sendo aperfeiçoada, com sucesso, a **técnica do duplo**, utilizada em psicodrama.

FASE

O termo fase, usado por Moreno, em sua teoria dos papéis, para diferenciar momentos da matriz de identidade e da matriz familiar, parece denotar uma repercussão de hipóteses darwinistas e um certo resíduo do pensamento biológico evolucionista, conceitualmente baseado no racionalismo. Esse substrato, tão poderoso no pensamento científico ocidental, influenciou profundamente tanto Freud quanto as gerações seguintes. Vem à tona, com toda clareza, nos trabalhos de Melanie Klein.

Embora o salto epistemológico tenha sido decididamente marcante na passagem entre a segunda e a terceira gerações de estudiosos da psique, Moreno, que pertenceu à terceira geração, focalizou seu pensamento científico no que hoje podemos denominar filosofia da vida e neo-evolucionismo.

A palavra fase, na teoria dos papéis, deve ser entendida tanto no contexto de uma causalidade (entropia) como na trama, também concatenante, da telefinalidade (sintropia).

FASE IDEOLÓGICA DA MATRIZ FAMILIAR

Essa fase é a segunda etapa da matriz familiar. Nela, a criança pode começar, pela primeira vez, a confrontar criticamente o seu mundo. O mundo, na fase mítica anterior (ver FASE MÍTICA), ainda estava subdividido em duas categorias antinômicas: o familiar *versus* o estranho, sendo o ordenamento axiológico gerado por essa antinomia. Agora, nessa fase, a criança pode começar a pôr em crise essa axiologia estática e absoluta do ordenamento anterior. Para a criança, começa um longo caminho que, finalmente, em plena matriz social, poderá conduzi-la a tentar uma difícil mediação para superar tais antinomias.

Com essa crise, que ocorre no início dessa fase ideológica da matriz familiar no processo de identidade, a criança começa a estar em condições de abandonar aqueles papéis dramaticamente fixados nos jogos da ordem mítica; de relativizar as normas rígidas entre as quais prevalecia, especialmente, a lei de participação e exclusão; de vencer os tabus e se lançar em novos atos fundantes e novas integrações.

No mundo helênico da pré-história homérica, o homem chegou a uma história através do **logos**; o povo hebreu — mediante as tábuas reveladas por Jeová e entalhadas por Moisés na pedra do Monte Sinai — deu o salto de uma cultura de vergonha para uma cultura de culpa: assim também acontece individualmente, com cada criança. Essa analogia entre a evolução cultural e a evolução individual quer exemplificar a passagem de uma conduta determinada pelo tabu e pela vergonha a uma conduta que começará a relacionar-se, a partir de então, com a culpa e com a responsabilidade, como nos diz Jorge Sauri (Psicodrama no Panorama das Idéias Psiquiátricas. "Seminários do Instituto de Psicodrama Buenos Aires", 1979).

Para que isso possa acontecer, a função mimética já deve ter dado origem a uma verdadeira **comunicação gestual**, e a função mitopoiética deve ter culminado na **palavra**. Mas não a palavra no sentido de mero nomear ou repetir ecos onomatopaicos, mas como verdadeira "voz doadora de sentido", com plenitude de ato fundante. Então o ser poderá colocar-se diante de seus egos-auxiliares naturais, na matriz familiar, e começar a fundar-se e fundá-los ideologicamente como pessoas. Só assim o absoluto pode ser posto em crise e o ser estará em condição de se lançar verdadeiramente no reconhecimento de suas necessidades, emoções e sentimentos, e lhes atribuir um valor "para si".

Nessa fase ideológica, com o surgimento de valores próprios, que Carlos Cossio denominou "valores positivos empíricos", o ser poderá se lançar plenamente em confrontos. Esses "valores positivos empíricos", agora destacados do amálgama emocional pela faculdade do logos, poderão ser confrontados com os "critérios axiológicos" vigentes na cultura familiar. Desses confrontos poderão surgir consonâncias ou dissonâncias e, destas últimas, crises que conduzirão o indivíduo à mudança, à autonomia e à auto-afirmação.

É precisamente no confronto dialético desses valores, opostos como tese e antítese, e no jogo deuteragônico e antagônico das condutas que os envolvem, que o ser irá criando a mediação axiológica. O produto será um novo papel, mantido e fundamentado em um novo valor. Esse **valor positivo puro** (Carlos Cossio, A Teoria Egológica do Direito) e o papel dele resultante regerão, daí em diante, o vínculo e o ser, e favorecerão novas crises constituintes e novas emergências.

Todo ato criador de autonomia e auto-afirmação, assim como toda decisão, se sustentam em um valor positivo puro. Cada ato criador é, em si mesmo, superação e supressão de uma repressão (no sentido psicodramático do termo, significando uma ausência axiológica de tese) ou de uma negação (também no mesmo sentido psicodramático, de tese axiológica contraposta como mera rebeldia, que só pode dar origem a um papel reativo). Quando não se origina em valor positivo puro, não houve verdadeira mediação axiológica e, portanto, não terá ocorrido nenhum ato criador.

Só esse verdadeiro desdobramento do ser em liberdade e espontaneidade — no *locus* da matriz familiar, pode preparar adequadamente o homem para um advento resoluto e criador ao terceiro universo, que o espera. Universo em que terá de desempenhar sua austeridade e que Moreno denomina matriz social (ver MATRIZ DE IDENTIDADE). Nesse universo, a família constitui uma parte fundamental. Com ela, todo indivíduo fará parte do átomo social, por meio do qual estará vinculado a seu mundo. Mas um ser só estará em condição de passar com autonomia e confiança suficientes à matriz social se, em seus universos anteriores, tiver evoluído harmoniosamente, e se a interação com seus egos-auxiliares naturais lhe proporcionou confiança ontológica para transpor esse novo limiar. Quando isso não puder acontecer, o indivíduo estará cerceado e sua identidade permanecerá truncada em algum aspecto (ver FIGURAS CLÍNICAS).

FASE MÁGICA

(Ver MATRIZ DE IDENTIDADE TOTAL DIFERENCIADA.)

FASE MÍTICA DA MATRIZ FAMILIAR

Essa é a primeira das duas fases em que pode ser dividida a matriz familiar, logo que superada a fase do proto-eu, da matriz de identidade (ver MATRIZ DE IDENTIDADE). A visão infantil do meio circundante ainda está poderosamente influenciada por seu microcosmos. Nesse *locus*, o vínculo com o mundo se caracteriza por um modo de relação "real" com todo não-eu. A criança percebe as coisas e as figuras familiares ou estranhas de um modo peculiarmente realista. Sua relação com o ambiente em que vive é de tipo "real" artificialista, finalista, animista e egocêntrico. A mecânica de todos os acontecimentos lhe parece intencional. Todo movimento é vivido pela criança como se fosse posto em jogo por alguém, com um sentido (ou uma finalidade) determinado (artificialismo). Todo movimento tem um **para que** (finalismo), que ela procurará desvendar, impulsionada por uma **ansiedade básica**. Essa poderosa tendência exploratória, decorrente do assombro, desenvolve-se nesta matriz como uma fome que se manifesta na criança em relação a tudo que lhe é desconhecido, para transformá-lo em algo conhecido, com ela relacionado e feito à sua própria medida (egocentrismb).

O universo da matriz familiar tem uma característica essencial de tipo animista, pois, neste momento evolutivo, a criança dá um peculiar sentido vitalício a todas as coisas de seu mundo. Nesse *locus* dar-se-á a emergência de uma atividade fundante. À atividade **mimética** se agregará, agora, o desenvolvimento da atividade **mitopoiética**. É com o desenvolvimento dinâmico dessas duas faculdades que os conceitos de "interno" e "externo" irão pouco a pouco se redimensionando e se desenvolvendo constitutivamente.

Quando da emergência da atividade mitopoiética, a criança pode começar a pôr em crise seu modo de relação **real** com o **não-eu** e, nesse espaço, será inserido o **imaginário**. Graças à sua atividade **mitopoiética**, a criança poderá, mais adiante, chegar ao **logos**, quer dizer, distanciar-se suficientemente das coisas para fundá-las com a palavra, nomeá-las no verdadeiro significado deste nomear e não mais como um ato meramente mimético. Para que isso ocorra, deverá ter surgido a atividade do **ilusório**.

Quando, pela capacidade mitopoiética, a vigília infantil começa a se povoar de figuras, e seu sono, de cenas oníricas, a criança entra no caminho que lhe permitirá dar início à separação entre fantasia e realidade. Quando emerge essa atividade mitopoiética, que funciona dialeticamente em relação à atividade mimética, advém a crise dos entreatos de domesticação, da qual a criança parte para o domínio de novos jogos, jogos de emulação, a qual se nutre dos papéis de seus ego-auxiliares naturais. A repetição dos papéis tomados de seus **protótipos familiares** é o que afiança determinados modelos de conduta. Os atos miméticos de emulação familiarizarão a criança com o código fisiognômico gestual da família e sua cultura.

As **figuras parentais** foram se convertendo, nessa matriz, em **personagens proleolíticas**, propondo um determinado código corporal. A partir daí, a interação com eles conduzirá a criança a um tipo de comunicação gestual com seu mundo **familiar** e com seu mundo **social**.

É importante considerar que, com o surgimento da atividade mitopoiética e como função mediadora da atividade mimética a fome de atos (ver FOME DE ATOS) começa a entrar em crise e diminuir na criança. Essa ansiedade básica infantil, característica do primeiro universo, ficará pouco a pouco reduzida a um resíduo que depois permanecerá como fome de transformação (ver FOME DE TRANSFORMAÇÃO).

Com a descoberta empírica da técnica da **inversão de papéis**, a criança, em sua atividade mitopoiética, dedica-se progressiva e decididamente ao mergulho no mundo, onde encontrará experiências diferentes e vivências peculiares. É sua ansiedade básica que a impulsioná arrojadamente para experimentá-las. Moreno dá a essa ansiedade motivadora o nome de **fome cósmica de transformação** e a descreve como uma tendência remancescente da **fome de atos**, que dominava a matriz anterior. Ele a define como a ansiedade residual infantil para reeditar a identidade original total, que a criança possuía na unidade sincrética que caracterizava o primeiro universo, agora definitivamente perdido. Nunca poderá voltar àquela situação original reconfortante e onipotente, mas tentará, de alguma maneira, se restabelecer em algo que a substitua. Impulsionada por essa ansiedade, a criança empreende todas as explorações possíveis com cada um de seus papéis complementares. Esse desejo é tão forte que ela se dispõe a se transformar na totalidade desses papéis. Esse poderoso jogo de totalização é posto em ato nas sucessivas seqüências da inversão de papéis, com os quais tenta voltar a conseguir aquela identidade única e absoluta, perdida com as diferenciações.

A fome cósmica de transformação faz com que a criança enfrente seus próprios limites. Nesse processo, ela terá de descobrir, empiricamente, que é absolutamente impossível a inversão de papéis com alguns aspectos do não-eu. Com grande temor, irá descobrindo, de forma dramática, em cada um desses choques e encontros, a limitação de sua **onipotência** primitiva. Após a perda dessa onipotência, a fome de transformação persistirá como um resíduo ativo e essencial no movimento de transformação e na sede criadora de todo indivíduo.

Na fase indiferenciada da matriz de identidade, os egos-auxiliares eram meras funções imersas no sincretismo, e tinham emergido como figuras na fase diferenciada. Em contrapartida, nessa fase mítica da matriz familiar, os egos-auxiliares vão adquirindo as complexas dimensões de personagens com características heróicas, cujas ordens e normas são absolutas e inquestionáveis. A interrelação com eles será, portanto, extremamente complexa para a criança. Os vínculos que vão se formando nas interações com os antagonistas e deuteragonistas (ego-auxiliares naturais) serão muito variados. Nestes vínculos confluirão unidades de papéis diversas e mutáveis, com seus respectivos contrapapéis e papéis complementares. As complementaridades e as oposições nos entreatos dão origem a uma estrutura axiológica que tem todas as características do mítico, no qual os vínculos e os papéis funcionam no domínio dos valores estáticos.

Na primeira fase da matriz familiar, a atividade mimética, reduzida pelo surgimento da atividade mitopoiética, permite à criança consolidar e confirmar sua estrutura egóica incipiente, que continuará se auto-afirmando na segunda fase desta mesma matriz (ver FASE IDEOLÓGICA DA MATRIZ FAMILIAR) e depois, muito mais ainda, no terceiro universo (ver MATRIZ DE IDENTIDADE).

FASE SINCRÉTICA

(Ver MATRIZ DE IDENTIDADE TOTAL INDIFERENCIADA.)

FASES DO DESENVOLVIMENTO EVOLUTIVO

Ao descrever as técnicas do duplo, do espelho e da inversão de papéis, Moreno sistematiza um modelo de cinco fases evolutivas para compreender o desenvolvimento infantil para a assunção de papéis: fase total indiferenciada; fase de discernimento entre o sujeito e os "objetos do meio"; fase de auto-reconhecimento, concentrada no pólo do sujeito; fase de reconhecimento, concentrada no pólo do outro e dos outros; fase de reconhecimento, concentrada no vínculo.

Em *Umbrales de Identidad*, seguindo a linha do pensamento moreniano, Menegazzo propõe o desenvolvimento desse mesmo modelo, acrescentando variáveis infantis deduzidas das vivências do mágico, do mítico, do ideológico e do lógico (com seus respectivos interjogos) durante a estruturação de cada identidade pessoal.

O primeiro universo infantil, denominado por Moreno **matriz de identidade** foi subdividido, por ele mesmo, em duas fases: uma **total indiferenciada**, denominada **fase sincrética**, e uma segunda, já diferenciada, denominada **fase total diferen-**

ciada, que Menegazzo chamou de **fase mágica**. No segundo universo, ou **matriz familiar**, distinguem-se também duas fases: a **fase mítica** (ver FASE MÍTICA) e a **fase ideológica** (ver FASE IDEOLÓGICA DA MATRIZ FAMILIAR).

No desenvolvimento dessas fases, constitui-se a identidade existencial do indivíduo. Para progredir nelas, a criança vai descobrindo o jogo do duplo (ver DUPLO), o espelho (ver ESPELHO) e a inversão de papéis com seus complementares.

Esse desenvolvimento por fases implica em um primeiro reconhecimento do proto-eu e do proto não-eu, um centrar-se em si mesmo e um posterior centrar-se no outro, para se reconhecer e reconhecer o outro, permitindo distinguir as possibilidades multifacetadas do **interno** e do **externo**.

FIGURAS CLÍNICAS

Todo indivíduo precariamente constituído em seu processo de individuação é prisioneiro de paixões profundas e obscuras. Entre esses afetos protopáticos predominam a culpa e o terror.

Na matriz de identidade (ver MATRIZ DE IDENTIDADE), quando a diferenciação não foi harmoniosamente conseguida, são condicionados no indivíduo determinados **modos de ser pânicos**, que sempre que forem aquecidos afloram em sua conduta como figuras clínicas classicamente denominadas **psicóticas**.

Nessas figuras ou modos de ser, o terror, por exemplo, é a expressão máxima daquilo que Martín Santos denominou **temor cósmico** ou medo da loucura. O terror, descrito a partir das observações dos quadros esquizofrênicos, que costuma se manifestar como **medo de ser engolido**, é uma dessas manifestações de temor cósmico.

Na perspectiva da teoria dos papéis (ver TEORIA DOS PAPÉIS), essa vivência significa o hiperaquecimento de uma matriz de identidade total indiferenciada (ver MATRIZ DE IDENTIDADE TOTAL INDIFERENCIADA) desarmônica, vivenciada com terror.

Nas figuras caracteropáticas, os afetos protopáticos são em geral negados e obscuros. O indivíduo, assim constituído, ficou encarcerado na estrutura de um personagem. Essa rígida estrutura de identidade foi sendo defensivamente construída durante o processo evolutivo, mas, finalmente, condena esse indivíduo a não ser mais do que é, um prisioneiro de suas máscaras. Entrincheirado nesse personagem, o indivíduo é obrigado a repetir suas obscuras condutas reativas, dominadas pela fome de atos (ver FOME DE ATOS) e pela necessidade imperiosa de sedações imediatas. A espontaneidade e a capacidade de transformação ficam inibidas. Nos casos graves dessas figuras clínicas psicopáticas, em geral os únicos afetos protopáticos que podem chegar à consciência individual e serem reconhecidos epicriticamente como sentimentos, são, precisamente, o terror e a ira. Em outras figuras clínicas, as irresoluções remetem a malogros evolutivos menos arcaicos e os modos de ser pânicos que afloram são menos graves.

Sempre que a fase mítica ou a fase ideológica da matriz familiar (ver MATRIZ FAMILIAR) se hiperaquece, o temor que prevalece é o medo do **olhar do outro**, e o temor trágico ou medo da **morte**. Esses modos de ser são o que a psiquiatria clássica chamou de medos **neuróticos**.

Segundo o enfoque da teoria dos papéis, essas classificações das figuras clínicas, embora continuem úteis do ponto de vista taxonômico, devem ser superadas. O psicodrama considera o homem um ser vincular multifacetado em sua potencialidade de papéis.

FIGURAS FISIOGNÔMICAS

No processo evolutivo, segundo a teoria dos papéis — com a estruturação de um pré-eu e de um pré-não-eu —, a criança começa com os primeiros atos proprioceptivos e exteroceptivos; a partir de então, de modo difuso, percebe as primeiras imagens de seu corpo e cada uma das partes do mundo exterior. Tudo isso irá formando as chamadas figuras fisiognômicas. No processo evolutivo e nas outras matrizes avançadas, estas figuras fisiognômicas irão se transformando em personagens familiares e, a seguir, em pessoas e aspectos.

FIGURAS PARENTAIS

Denomina-se figuras parentais o conjunto de papéis complementares constituídos pelos **egos-auxiliares naturais** que as primeiríssimas percepções infantis fazem confluir em imagens externas um tanto evanescentes. Quando uma criança, em seus primeiros meses de vida, põe a mão no rosto da mãe, fazendo com o braço uma alavanca para distanciar o rosto materno e observá-lo em perspectiva, está realizando um ato fundante de percepção de sua figura parental original.

FOCALIZAÇÃO TRANSFERENCIAL MÚLTIPLA

Termo criado por Sérgio Perazzo, que designa a simultânea ativação de mais de um foco do imaginário como componentes do mesmo movimento transferencial. Seria a razão pela qual, num trabalho psicodramático, o mesmo ponto transferencial de partida, uma mesma cena, pode levar à montagem de cenas diferentes ou a uma mesma cena, com desdobramentos diversos, em momentos diversos.

FOCO

É o lugar de máxima atenção na ação de choque ou de encontro. É o ponto de convergência dos componentes de uma zona (ver ZONA) e seu núcleo de união.

FOME DE ATOS

Assim Moreno denominou a ansiedade que caracteriza essencialmente o modo de ser infantil no primeiro universo da matriz de identidade. Trata-se do impulso básico que domina a primeira fase da referida matriz (total indiferenciada) e prevalece na segunda (total diferenciada).

A criança, nessa matriz, se coloca inteira em cada um de seus atos, seu ser se esgota em cada um deles e nenhuma parte fica excluída como remanescente observador possível (papel observador). Essa ansiedade só é aliviada pelo ato complementar adequado do ego-auxiliar natural, base da estruturação de todo papel psicossomático.

A fome de atos entra em crise na passagem da primeira à segunda fase da matriz de identidade, mas seu predomínio logo diminui bastante no limiar em que se consolidará a brecha entre fantasia e realidade, que marca o início da matriz familiar. Nessa nova condição, ou universo, a fome de atos converte-se em fome de transformação.

Os desenvolvimentos teóricos atuais em torno das bases conceituais que sustentam o psicodrama mostraram claramente a co-implicação e a coexistência de todas as matrizes do devir evolutivo no ser humano adulto. A prática clínica, por sua vez, demonstrou que, no adulto, em determinados estados de atemperação, a fome de atos pode vir à tona com toda sua força, na busca do complementar significativo que satisfaça. Algumas vezes essa emergência é francamente patológica e assume a forma de um *acting* irracional, que, neste caso, denota a reatualização característica de um rastro de aquecimento de uma determinada busca substitutiva. Em outras ocasiões, a força peremptória dessa ansiedade nada mais é do que a expressão adulta de uma autêntica necessidade de um papel psicossomático.

FOME DE TRANSFORMAÇÃO

É a denominação dada por Moreno ao *quantum* de impulso básico (ver FOME DE ATOS) que, ao surgir a brecha entre fantasia e realidade, no limiar fundante, se converte em impulso de transformação, que é a essência da capacidade criadora do homem.

Segundo declarou Moreno (4ª Conferência — Las Bases de Psicoterapia Grupal), "a sensação de paraíso perdido transforma-se na busca da Terra Prometida". O desejo de reeditar a vivência fusional de totalização, própria do primeiro universo infantil, só pode encontrar uma certa forma de satisfação adulta quando, ao longo de uma vida, a fome de transformação permite alcançar a visão totalizante de uma cosmovisão (ver COSMOVISÃO MORENIANA).

Ver também o conceito de desejo (ver PAPEL COMPLEMENTAR DESEJADO).

FUNÇÃO PARENTAL

Função parental é o conjunto de papéis que os egos-auxiliares naturais interjogam complementarmente com o recém-nascido, embora este, imerso ainda na experiência sincrética não a distinga. A vivência de total sincretismo é um prolongamento, no meio aberto, da experiência de totalidade e fusão da vida intra-uterina e domina o início do primeiro universo infantil. Na percepção da criança, neste universo, a função parental está oceanicamente fundida à unidade vivencial globalizante que inclui tudo.

GESTICULAÇÃO

É o modo corporal de dizer. O dizer da gesticulação ainda não "significada", simplesmente designa. Para conseguir chegar ao significante, a gesticulação requer a mimese (ver MIMESE).

GRUPO

No livro *La dinámica de los grupos pequeños*, Didier Anzieu pesquisa a origem dessa palavra nos dialetos nórdicos italianos. Em alguns dialetos, os termos *grop* ou *grup*, relacionados ao alemão *krupp*, são sinônimos de nó e foram utilizados na técnica pictórica pelas escolas italianas de artes plásticas. O mesmo autor descreve de que modo essas designações passaram à linguagem da fotografia e daí chegaram às ciências humanas.

Foi o padecimento das tropas nas trincheiras, na Primeira Guerra Mundial, que promoveu a inquietação relativa ao fenômeno dos conjuntos humanos e sua "moral". É significativo que tanto J. L. Moreno quanto K. Lewin tenham iniciado suas investigações precisamente a partir desta contenda mundial.

Hoje os estudos que deram continuidade à proposta da sociometria (ver SOCIOMETRIA) de J. L. Moreno e da dinâmica de grupo (ver DINÂMICA DE GRUPO) de K. Lewin constituem correntes básicas da antropologia vincular. Em psicodrama, assim como em qualquer outro procedimento dramático, é preciso saber diferenciar o **grupo** da **platéia** (ver PLATÉIA).

Em termos gerais, considera-se grupo o conjunto de pessoas vincularmente inter-relacionadas em prol de uma mesma tarefa. Essa tarefa, que convoca e reúne, motiva no mesmo grupo uma **estruturação** especial e um tipo determinado de **organização**, por meio do surgimento de papéis específicos (ver PAPEL). A dinâmica dos grupos classificou os grupos humanos em duas grandes categorias: **espontâneos** (casais, famílias, turmas); **instrumentais** (grupos de trabalho, equipes, grupos institucionais, grupos terapêuticos etc.).

O grupo psicodramático (do qual nos ocupamos) é um exemplo dos chamados grupos instrumentais. No trabalho psicodramático (assim como em qualquer outro procedimento dramático), é o grupo que gera seus instrumentos (ver INSTRUMENTOS); do mesmo grupo surgem o protagonista, os ego-auxiliares, o diretor e a platéia, e, além disso, são estes quatro primeiros instrumentos que delimitam o cenário, para nele atuarem ou para circundá-lo.

GRUPOS DE SENSIBILIZAÇÃO

É uma técnica grupal e se desenvolve com a constituição de grupos similares aos grupos psicodramáticos, embora seu objetivo não seja especificamente terapêutico. Buscam, fundamentalmente, a descarga de tensões, a interação, a comunicação, os vínculos e a preparação para o aprendizado, treinamento ou produção. Sua meta é a educação da espontaneidade (ver ESPONTANEIDADE) e a determinação da matriz vincular para a criatividade (ver CRIATIVIDADE).

HASSIDISMO

Movimento místico judeu surgido na Polônia e fundado por Israel Baal Shem Tou (O Senhor do Bom Nome), homem simples que tentou devolver a fé e a esperança aos judeus desiludidos pelos falsos messias, pelas matanças e pela pobreza. Não escreveu um livro sequer explicando sua filosofia, que chegou até nós por intermédio dos escritos de seus discípulos.

O hassidismo é herdeiro das doutrinas da Cabala, filosofia esotérica encerrada em um labirinto de símbolos teóricos e analíticos destinados a uma elite, e a transforma em uma mensagem popular, compreendida pelas massas, utilizando uma linguagem simples, baseada em contos e parábolas. O hassidismo tem também raízes na Cabala Prática de Ari, O Santo, mas neutraliza seu elemento messiânico, convertendo cada *jasid* (piedoso) em seu proprio Messias. O hassidismo devolve a cada judeu, junto com todo o peso de sua própria responsabilidade, a visão de uma vida criadora, plena de sentido.

O hassidismo resgata a imanência divina. Deus está presente em todas as coisas, é necessário apenas descobri-lo. As categorias que permitem descobrir a divindade são a alegria, o júbilo e o entusiasmo; daí a importância que os hassídicos dão à dança e ao canto, que incorporaram à liturgia, afirmando que o corpo é tão importante quanto a alma para se relacionar com o Criador. É evidente que essas categorias e esses procedimentos se integram na metodologia psicodramática.

A categoria do entusiasmo converte cada iniciado em um sócio de Deus, na contínua tarefa de recriação e redenção do mundo. Todo serviço deve ser realizado, não apenas no plano individual, mas sobretudo no comunitário. O iniciado deve atuar em sua comunidade para conseguir que seus integrantes se apóiem, consolem, participem e acreditem, ajudando uns aos outros na tarefa comum.

No começo do século XIX, houve um ressurgimento hassídico entre os judeus, e o movimento se generalizou pela Europa; mas na segunda metade do mesmo século sua influência decaiu. Hoje é um movimento vigoroso que se estende por toda a Europa e, através da migração, também à América.

Com os estudos realizados por Martin Buber, a corrente começou a ser objeto de análise e renovação. Esses estudos calaram fundo no jovem Moreno, que ficou impressionado com a visão hassídica. Suas concepções estão profundamente imbuídas do espírito hassídico, visto que este se afirma na crença da imanência divina.

As duas características que Moreno atribui à imagem de Deus são a espontaneidade e a criatividade (*As palavras do pai*). Sua proposta é apagar a distância entre Deus e o homem, empreendendo a busca da divindade e da comunicação direta. Moreno assume a idéia hassídica de que Deus habita em todas as coisas. O caminho que ele propõe é o da comunicação com o outro, o encontro: desse modo, o intercâmbio pessoal, através do diálogo, adquire plenitude e o homem pode inclusive chegar a inverter papéis com Deus. Essa idéia do encontro EU/TU que se dá no diálogo é também o tema central da concepção humanista religiosa de M. Buber.

A necessidade dessa busca constante de comunicação consigo mesmo, com o outro e com Deus, para Moreno, é o que pode conduzir o homem aos caminhos do crescimento, da salvação e da transcendência.

HIPNODRAMA

Assim se denomina o procedimento terapêutico em que se combina o psicodrama com a hipnose. O material obtido na exploração hipnótica é depois trabalhado de forma psicodramática e analítica. Há muito tempo não se trabalha mais com pacientes em estado hipnótico.

Na Argentina, Herminio Castellá iniciou há alguns anos grupos de pesquisa com modernos procedimentos de hipnodrama. Carlos Menegazzo e Gabriel Castellá o acompanharam nessa linha de pesquisa. O trabalho é realizado com ego-auxiliares especialmente treinados em auto-hipnose. Isso permite dublar o protagonista, obtendo materiais de seus registros inconscientes.

Essas explorações podem não só alcançar planos biográficos (por exemplo, a etapa da amnésia infantil), como o plano ancestral do clã, mas também outros planos muito profundos do inconsciente primordial, descrito no Ocidente por Carl Gustav Jung. Os materiais assim obtidos são depois trabalhados pelos protagonistas, com metodologia psicodramática e analítica para sua elaboração.

Além da possibilidade de aplicação clínica desses estudos, estamos investigando com uma profundidade cada vez maior, esses planos primordiais, formando sistematicamente investigadores télicos especializados no que denominamos **arqueologia psíquica profunda**.

HIPÓCRISE

Palavra originada dos vocábulos gregos *hipo* = embaixo e *cresis* = máscara. Esse termo, em seu sentido negativo, remete à mentira, e no sentido positivo remete à possibilidade de se resguardar, sob o pudor da máscara, aquilo que deve ser protegido. O conceito de cuidar, sob o anonimato do papel, da intimidade da pessoa, é a base conceitual que possibilita os jogos dramáticos, o respeito ao "como se" e a proteção da intimidade pessoal.

Tudo isso possibilita clareza no manejo dramático do contato grupal e social, em relação ao contexto dramático (ver CONTEXTO).

A impecabilidade, que permite o respeito ao "como se", e a "hipócrise" facilitam desdramatizar paixões, para transformá-las em sentimentos, valores e conceitos, sem invadir intimidades.

I

IMPROMPTU

Moreno assim denominou o momento do teste de espontaneidade dramática em que se passa a atribuir determinadas premissas e situações aos participantes do grupo. A partir dessas consignas, eles devem começar a improvisar sua dramatização. As cenas e os papéis desempenhados em cada dramatização são depois observados, no momento dos comentários, levando em consideração as qualidades e os graus de espontaneidade obtidos no desenvolvimento dramático (ver ESPONTANEIDADE).

O termo *impromptu* começou a ser utilizado no antigo teatro romano. As festas relacionadas à atividade agrícola foram, tanto em Roma como entre outras culturas, o germe do fenômeno teatral, que depois floresceu com tanto vigor na *polis*, produzindo autores da envergadura de Plauto e Terêncio. O mundo romano, com suas características preponderantemente guerreiras, tinha grande predileção pelo espetáculo das lutas circenses. Mas os camponeses guardavam em suas tradições orais o substrato e os tesouros das culturas itálicas pré-romanas. Entre os etruscos, povo eminentemente agrícola, as manifestações festivas atingiram grande riqueza. Seus rituais mágicos-míticos, relacionados ao assombro perante o ritmo constante das estações, e suas liturgias propiciatórias dos milagres da fertilidade e fecundidade alcançaram formas muito refinadas. Em uma cidade da Etrúria meridional, que os romanos lembravam pelo nome de Fescennia, eram realizadas festas rituais na primavera, que culminavam em grandes jogos florais. Os camponeses romanos, muito mais rústicos, também celebravam festas agrícolas, cheias de vitalidade, porém grosseiras. Nelas, os colonos e suas famílias, em certas pausas do trabalho, reuniam-se em espaços abertos cercados por *fascinus* ou *fascinum* de ramos, considerados antídotos eficazes contra malefícios e as pragas. Nessas festas, segundo descrições de Horácio e Virgílio, citadas por C. Marchesi em sua *Storia della Letteratura Latina*, era propiciado à deusa Terra o sacrifício de um porco; ao deus Silvano, leite; e ao gênio admonitório da brevidade das vidas humanas, flores e vinho.

Dessas reuniões comunitárias, necessárias ao descanso dos corpos esgotados pelo trabalho e ao repouso das almas excitadas pelo entusiasmo e competitividade do trabalho agrícola, surgiram as *fascenninas*, denominação que pode ter origem na cidade de Fescennia ou nos *fascinum*, não se sabe ao certo. O caráter forte e rude do arquétipo do camponês romano impregnava a criatividade dessas *fascenninas* dando ensejo a cantos sarcásticos e licenciosos, que começaram a se entrelaçar e criar contrapontos, até, finalmente, desembocarem em verdadeiros desafios entre subgrupos opostos que faziam brincadeiras pesadas, cantando e recitando obscenidades e insultos entre si. Pouco a pouco esse duelo cantado foi se animando dramaticamente. Virgílio descreve esses antigos lavradores com horrendas máscaras feitas de casca de árvore entalhada, provocando uns aos outros em versos e em diálogos elementares, cheios de malícia e de insolência. Eles deram origem ao teatro romano primitivo.

As dramatizações *fascenninas*, improvisos livres a partir de premissas e situações muito gerais, combinadas de antemão, foram denominadas *impromptu*. Só muito mais tarde começaram a introduzir a **sátira**, cujos temas, cenas e diálogos eram preestabelecidos, exigindo então, a atuação de atores profissionais, um passo muito importante para o que depois resultaria no teatro romano.

O *impromptu*, como improvisação dramática, reapareceu no teatro ocidental da Idade Média e no teatro litúrgico. Era utilizado especialmente em cenas colaterais, que formavam a base do drama sacro. Quando, enfim, o teatro litúrgico começou a se decompor e dele se separou o teatro profano, o *impromptu* e os improvisos baseados nessa técnica teatral conheceram um novo apogeu.

O milagre teatral da *Commedia dell'arte* italiana foi uma das formas evoluídas da improvisação dramática profana, decorrente da decomposição do teatro litúrgico medieval. Na *Commedia dell'arte*, o *impromptu* assumiu a forma de um esquema de cenas interpretado pelo *capocômico*, a partir do qual os atores improvisavam.

Moreno introduziu o conceito e o termo *impromptu* em seu teatro da espontaneidade e acabou por usá-lo para denominar o primeiro momento do teste de espontaneidade dramática.

IMPROVISAÇÃO

É um procedimento e uma técnica psicodramática. É dada ao protagonista a consigna de representar no cenário determinados papéis imaginários em situações fantasiadas, que sejam para ele aparentemente diferentes dos papéis que habitualmente reconhece como seus.

É preciso observar que, quando essas premissas de trabalho são dadas, o protagonista trata, na medida do possível, de excluir da cena qualquer acontecimento real de sua própria vida pessoal, e tenta, portanto, representar apenas situações que lhe pareçam distanciadas de sua própria experiência.

No psicodrama, a improvisação é uma técnica utilíssima em diagnose, como teste de atividade. Com esse procedimento, explora-se o desenvolvimento da espontaneidade e suas patologias.

INCONSCIENTE

A teoria dos papéis não concebe a idéia do inconsciente no sentido tópico, nem leva em consideração os postulados econômicos ou dinâmicos da energia psíquica tal como foram concebidos por Freud, a partir do modelo termodinâmico.

Quando Moreno, em seus escritos, refutava o inconsciente, é preciso considerar que ele lhe negava somente a categoria de espaço continente ou de aparato psíquico, ou, simplesmente, de ente.

Por participar da terceira geração dos investigadores da psique, Moreno não somente estava imbuído, como Freud, dos conceitos de intencionalidade (ver INTENCIONALIDADE) introduzidos em psicologia por Brentano, mas, além disso, conhecia os desenvolvimentos posteriores da fenomenologia e as evoluções modernas da epistemologia e das teorias matemáticas de Fantappié, sobre as equações de sintropia. Conhecia também as últimas descobertas da física quântica, que dão hoje validade empírica, inclusive no campo das ciências naturais, às novas teorias que, a partir de Dilthey e Bergson, reordenaram teoricamente as ciências humanas.

A concepção moreniana da energia psíquica não recorre ao modelo teórico da termodinâmica. Sua antropologia pode se sustentar nos desenvolvimentos da filosofia da vida.

Na verdade, o inconsciente não é negado por Moreno, como se quis inferir, mas, muito pelo contrário, foi considerado no sentido de um atributo inerente a todos os fatos psicológicos e também a todos os fatos sociais.

Desde suas primeiras reflexões em torno do caso Bárbara (ver CASO BÁRBARA), que originou sua descoberta do psicodrama, Moreno observou que a atividade dramática desencadeia, naqueles que a executam, assim como naqueles que a presenciam de modo comprometido, movimentos interpsíquicos e intrapsíquicos complexos e profundos. Esses processos lhe pareceram se manifestarem em níveis diferentes e apresentando, por isso, facetas distintas. No plano elaborador profundo, a teoria dos papéis nunca se opôs às concepções freudianas que ordenaram os fenômenos clinicamente observados por uma metapsicologia que apresentava pontos de vista **estruturais, genéticos** e **adaptadores**. Ele se opôs aos pontos de vista dessa metapsicologia referentes aos postulados **dinâmico** e **econômico**, com os quais se tentava explicitar teoricamente os fenômenos de energia psíquica por conceitos como o conservação de energia, direção e magnitude da força e entropia, concepções especificamente extraídas da teoria termodinâmica.

INICIADOR

Denominam-se assim, em psicodrama, todos os estímulos que podem desencadear diferentes processos de aquecimento. Algumas vezes, os iniciadores podem ter origem física e serem obtidos, simplesmente, com certas posturas corporais ou contrações dos músculos ativados durante o movimento.

Outras vezes, os iniciadores podem ser de tipo mental. Em outros casos, o estímulo pode ser constituído de imagens, cenas ou situações fantasiadas ou relembradas, assim como de sentimentos ou vivências que se destacam, subitamente, da esfera atual da consciência, resgatadas pela operação reflexiva da introspecção.

Certas drogas podem também atuar como estimulantes dos processos de aquecimento. Nesses casos, elas podem ser consideradas iniciadores químicos ou, mais exatamente, psicoquímicos. Na década de 70, diversos grupos argentinos fizeram experiências com estimulantes dessa natureza e obtiveram resultados muito variados, não isentos de riscos. Hoje sabemos que uma boa instrumentalização de iniciadores físicos ou corporais pode obter os mesmos resultados de aquecimento — ou ainda melhores — sem os riscos habituais que o uso de drogas sempre envolve.

O desenvolvimento atual da psicodança apresenta possibilidades cada vez mais ricas, tanto na mobilização para aquecimentos que buscam a **ascensão da identidade** — em que é obtido o predomínio simpático (atemperação comparável ao efeito das drogas anfetamínicas) — quanto nos que buscam o **declínio da identidade**, com predomínio parassimpático (atemperação comparável aos efeitos de drogas do tipo da maconha).

Os iniciadores corporais têm uma clara especificidade operacional; quando se busca o aquecimento de cada papel psicossomático, são a via régia para chegar rapidamente às cenas nucleares conflitantes (ver CENA NUCLEAR CONFLITANTE).

INSTRUMENTOS

São elementos com os quais se trabalha em psicodrama, sociodrama e jogos de papel. Eles são cinco: protagonista (ver PROTAGONISTA); platéia (ver PLATÉIA); cenário (ver CENÁRIO); ego-auxiliar (ver EGO-AUXILIAR); diretor (ver DIRETOR).

INTENCIONALIDADE

A intencionalidade referida ao objeto estava reduzida à escolástica medieval, até que, no século XIX, Brentano adotou-a como característica dos fenômenos psíquicos. Ela caracterizaria a consciência em seu pleno sentido, autorizando designar toda a corrente da vivência como corrente de consciência e como unidade de uma consciência.

Na fenomenologia, a intencionalidade é considerada a característica fundamental da consciência e assim permaneceu em boa parte da filosofia contemporânea, em especial na fenomenologia e no existencialismo. O conceito de transcendência de Heidegger é uma generalização da intencionalidade.

Esse termo, extraído da fenomenologia e da antropologia filosófica, é fundamental para o desenvolvimento teórico da arte dramática e para a reflexão, na antropologia vincular, na teoria dos papéis e no psicodrama.

INTERAÇÃO TERAPÊUTICA, princípio de

Em psicodrama, cada paciente pode ser agente terapêutico dos outros. Um par pode ser agente terapêutico de outro; um grupo pode atuar como agente terapêutico de outro grupo (ver AGENTE TERAPÊUTICO) etc.

INTERPOLAÇÃO DE RESISTÊNCIAS

É uma tática psicodramática (ver TÁTICA PSICODRAMÁTICA) geralmente indicada pelo diretor e, às vezes, representada diretamente pelo ego-auxiliar. Neste caso, é muito grande o risco de cair em alguma produção co-protagônica (ver PRODUÇÃO CO-PROTAGÔNICA) do ego-auxiliar. Por isso, é preferível reservar a instrumentalização dessa tática somente aos ego-auxiliares muito treinados profissionalmente.

Ela é introduzida durante o desenvolvimento da dramatização, mediante consignas ministradas de modo que o protagonista as desconheça ou não as perceba. Com essas consignas, solicita-se do ego-auxiliar a modificação imprevista de alguma característica do papel complementar claramente determinado. Por exemplo, solicita-se que introduza subitamente uma limitação em um papel de mãe que estava sendo desempenhado de modo condescendente e superprotetor ou que desempenhe com ternura o papel de um pai que até o momento dramático anterior fora representado agressivamente, tal como o protagonista determinara.

A interpolação de resistências é, portanto, a introdução de um estímulo seguindo uma hipótese diagnóstica do terapeuta, que busca corroborar algo que está sendo percebido. Nesse caso, é adequado estar disposto a abandoná-la, caso não se obtenha resultados.

INVERSÃO DE PAPEL

Técnica psicodramática com dois objetivos: o diagnóstico e a reestruturação perceptiva. É essencial em todo procedimento dramático (psicodrama, sociodrama, jogos de papel) e uma das mais utilizadas.

Nela o protagonista é levado a representar um papel complementar, enquanto um ego-auxiliar assume o papel do primeiro, trocando de lugar com ele. É possível atribuir ao protagonista ambos os papéis, sucessivamente, sem intervenção de nenhum ego-auxiliar. Ao assumir cada papel alternadamente, o protagonista vai se colocando na posição e no lugar que corresponde ao papel que precisa representar. Em psicodrama, a inversão de papel é utilizada no início, durante a preparação dramática, com objetivo diagnóstico (compreensão do diretor), logo em seguida, no manejo metodológico da cena nuclear conflitante (ver CENA NUCLEAR CONFLITANTE). A inversão de papel é utilizada como técnica reatualizadora e reestruturadora, que visa o *insight* ou compreensão integradora do protagonista. É uma técnica contra-indicada quando o protagonista depara-se com contrapapéis que ameaçam sua integridade. Por exemplo, o espanto do irremediavelmente demente, a impenetrabilidade da atmosfera psicótica ou a frieza do cadavérico etc.

INVERSÃO ESPONTÂNEA DO PAPEL

É uma técnica espontânea e criativa, implementada durante o processo de crescimento. É observada nas brincadeiras infantis e nelas pode-se observar que funciona como técnica de socialização liberadora. Para a criança, inverter papéis com todos e com tudo (indivíduos e objetos) no mundo que a cerca é, pelo menos teoricamente, requisito indispensável para que possa situar-se no **estar imersa**, na vincularidade, para poder se arraigar com confiança ontológica no átomo social (ver ÁTOMO SOCIAL REAL) ou na comunidade afetiva matricial. Além disso, é necessária para que a criança vá se estabelecendo no **ser sendo** do próprio projeto pessoal de existência no mundo, rumo a uma cosmovisão própria.

Considerando a sistematização dessa técnica pelos parâmetros do modelo evolutivo da teoria dos papéis e da antropologia vincular, e por seus modos de conceber as fases do desenvolvimento infantil no processo de assunção de condutas, podem ser investigados, nos adultos, diferentes modos rígidos de conhecimento dos outros promovidos por estereótipos fantasmais projetados transferencialmente, que perturbam a capacidade de percepção e dificultam as possibilidades de reconhecimento adequado do tu. A técnica da inversão de papel (ver INVERSÃO DE PAPEL), permite intervir diretamente nessas transferências e potencializá-las.

ISOLADO

Termo utilizado por J. L. Moreno para designar o indivíduo que, após um teste sociométrico em um grupo, instituição, agrupamento etc., baseado em um critério preestabelecido, não é alvo de nenhuma escolha, seja ela positiva ou negativa.

Um indivíduo pode ficar ou não isolado, conforme o critério do teste sociométrico escolhido. Por extensão, podemos considerar isolado aquele vínculo (ver PAR ISOLADO) de um grupo terapêutico que, devido à sua posição sociométrica peculiar, se estabelece em um determinado momento do processo grupal, sem nenhuma relação — ou apenas com uma relação muito frágil — com os demais integrantes do próprio grupo.

JOGOS DE PAPEL

Também denominado treinamento do papel. É o procedimento dramático regulado pelo método da teoria dos papéis para aprendizagem e estruturação de um papel. Pode ser usado para o treinamento de um papel profissional ou de qualquer papel social que se queira otimizar. Utiliza os mesmos instrumentos e técnicas dos outros procedimentos dramáticos (psicodrama e sociodrama). Os contextos e as etapas também são as mesmas, embora utilizadas com certas diferenças específicas. Nos jogos de papel, o diretor deve cuidar de concentrar as dramatizações no papel que está sendo trabalhado contratualmente e em seus papéis complementares (médico-paciente, por exemplo), evitando qualquer material que exceda essas relações diretas de complementaridade dos papéis sociais em jogo.

Trabalha-se com liberdade, espontaneidade, criatividade e responsabilidade, fazendo o sujeito assumir, em primeiro lugar, o papel complementar que já conhece (para estruturar o papel do médico, deve-se começar com o do paciente que, certamente, já terá alguma vez representado). Depois, pouco a pouco, mediante a inversão de papéis, coloca-se o sujeito no papel que deverá estruturar. Procede-se das primeiras determinações do papel para levá-lo ao livre jogo espontâneo do mesmo, até enfim conseguir sua adequação, com bons níveis de criatividade. A platéia é utilizada instrumentalmente, regulando o trabalho de observação do ponto de vista dos diferentes papéis representados no cenário.

Moreno esboçou um conjunto de técnicas:
1) dar ao sujeito um papel preestabelecido (como se faz no teatro); 2) fazer o sujeito assumir um papel socialmente estruturado e preestabelecido (por exemplo: juiz, professor, conferencista etc.); 3) dar ao sujeito um papel pouco estruturado, para que o desenvolva desde seu *status nascendi* (ver STATUS NASCENDI); 4) colocar diversos sujeitos, simultaneamente, no mesmo papel, enfrentando a mesma situação; 5) colocar diversos sujeitos em um mesmo papel, enfrentando o mesmo contrapapel e fazendo-os dramatizar sucessivamente; 6) colocar um sujeito perante o mesmo ego-auxiliar, em diferentes situações, cada vez mais complexas.

O procedimento dramático dos jogos de papel acena precisamente para a resolução das dificuldades normalmente suscitadas por qualquer papel desconhecido. Além disso, o procedimento é muito útil para diagnosticar papéis resistidos (ver PAPÉIS RESISTIDOS), papéis detidos e papéis impossibilitados ou cerceados, mas os jogos de papel têm precisamente aqui seu limite. Para se trabalhar mais profundamente com essas resistências, entraves e lastros, é preciso recorrer ao **psicodrama** e ao **sociodrama,** procedimentos que alcançam as raízes das cenas traumáticas (ver CENA TRAUMÁTICA) e dos conflitos nodais latentes (ver CONFLITO NODAL LATENTE).

JORNAL VIVO

Técnica dramática utilizada por Moreno em Viena e nos Estados Unidos. Ele instrumentalizava a leitura do jornal entre o público assistente, em interação com os atores de seu teatro espontâneo (ver TEATRO ESPONTÂNEO). Utilizava as notícias que produziam impacto no público para rastrear os emergentes grupais e assim estimular o aquecimento e desembocar, enfim, nas dramatizações elaboradoras. Essa técnica foi historicamente precursora do que depois foi se configurando como sociodrama e psicodrama.

K

KATHEIRO

Termo que aparece nos textos homéricos e alude ao procedimento ritual de lavar os miasmas corporais (ver CATARSE).

L

LEI DE GRAVITAÇÃO SOCIAL

Denomina-se assim a lei sociométrica segundo a qual as expectativas e aspirações de cada integrante do grupo serão favorecidas ou impedidas de acordo com os vínculos predominantes de atração, rejeição ou indiferença estabelecidos por cada integrante de cada constelação afetiva (ver MATRIZ VINCULAR).

LEI DOS TERÇOS

Denomina-se assim a lei sociométrica que entra em jogo na estrutura vincular de um grupo sempre que, em um papel de liderança, se propõe um movimento em direção a uma meta. Baseada na lei de gravitação social (ver LEI DE GRAVITAÇÃO SOCIAL) e no processo de aquecimento das atrações, rejeições e indiferenças vinculares, a constelação afetiva, perante cada proposta do papel líder, aquece-se em **um terço a favor** (atração), **um terço flutuante** (indiferença) e **um terço em oposição** (rejeição). Salvo em momentos muito especiais de massificação grupal, em que o aquecimento afetivo do grupo alcança níveis de fusão ativa (ação) ou passiva (paixão), os grupos em geral se movimentam de acordo com esta lei.

É esse fenômeno grupal, denominado lei dos terços, que garante o desenvolvimento democrático de um grupo e transmite ao líder (quando tal fenômeno é corretamente observado) a sábia retroalimentação do inconsciente grupal, tão necessária para se comprovar se a proposta da liderança foi adequada ou inadequada. Caso se consiga, no papel de liderança: manter o terço em atração, convencer o terço indiferente, conduzir o terço oponente, obter-se-á então o movimento de todo o grupo rumo à meta, sinal de que a proposta e sua condução foram adequadas. Se, por outro lado, o terço oponente chega a persuadir o terço flutuante, cabe a possibilidade de que a proposta tenha sido inadequada ou, se adequada, tenha sido efetuada fora de *timing*, o que é sempre um erro de condução.

LIBERDADE

O tema da liberdade humana é central na teoria de Moreno. É a base da sua "filosofia do momento". O pai do psicodrama (coerente com o pensamento vitalista da época) concebe a liberdade do homem como fonte de espontaneidade, criatividade e responsabilidade (ver ESPONTANEIDADE, CRIATIVIDADE, RESPONSABILIDADE), temas básicos de sua cosmovisão. Por outro lado, a própria capacidade humana de tomar decisões (que chamamos de liberdade) tem seus dramas. Ser capaz de escolher entre uma coisa e outra envolve sempre (imediatamente) ter que assumir encargos, não só dos próprios acertos como também dos erros. Tudo dependerá de como soubermos encarar e elaborar esses resultados (para o próprio aprendizado). Às vezes, conseguimos perceber os aspectos imaginários de nossos enganos, outras, ficamos presos à nossa própria vergonha, e é aí que residem nossas tragédias e comédias, os nossos dramas (isso depende em grande parte de cada um). É exatamente aí que se baseia nossa capacidade de adequação situacional e vital — outro dos temas preferidos de Moreno (ver ADEQUAÇÃO DA RESPOSTA). É que os seres humanos (segundo a concepção hassídica que sustenta o ideário moreniano) são, ao mesmo tempo, filhos do homem (sementes de húmus e ervas, o manto da terra) e filhos de Deus (centelhas de estrelas que vêm do céu). Nossa liberdade, então, também apresentará duas vertentes: o livre-arbítrio (que é a liberdade de nossa personalidade egóica, representada pela consciência racional), e nossa liberdade interior (que é o nosso espírito manifestado no governo íntimo ou, dito de outra maneira, por nosso ser mais profundo). Nem sempre essas duas vias de liberdade correm paralelas, e é nisso que se baseia nossa capacidade de coerência (capacidade de "ser o que se é", apesar das imperfeições naturais e das contradições humanas). É a liberdade de ser autêntico e desenvolver ao máximo as próprias potencialidades (nem o que os outros exigem, nem o contrário do que se espera; mas um autêntico "si mesmo"). Nada mais, nada menos do que está ao alcance de cada um, aproveitando as qualidades dadas por Deus. O livre-arbítrio é, mais precisamente (segundo ensinam os filósofos em seus tratados de ética), a capacidade (propriamente humana) de decidir (escolher entre isto e aquilo). Podemos exercê-la para o bem ou para o mal (podemos tanto escolher o que é bom para nosso crescimento e bem-estar como nos inclinar para o que não for tanto). Por outro lado, também é possível aos homens escolher, graças à faculdade tão humana de poder dizer "não" (instantaneamente) às nossas vontades (impulsos, necessidades, caprichos ou "fome de atos", como diria Moreno). Cada "sim" que dizemos, para ser uma verdadeira expressão de liberdade, terá de ser algo como "um segundo 'não' ao primeiro", por mais espontânea e imediata que nos pareça qualquer decisão positiva. Mas é certo que muitas vezes a liberdade profunda (da alma) não coincide com o livre arbítrio (da personalidade). Então os caprichos e teimosias (tão próprios de nossa condição humana de imperfeição, que tanta fome e sede nos provoca) atingem-nos em grau máximo, precisamente para nos mostrar o que ainda não está integrado em nós. É que nos falta maturidade para podermos equilibrar nossos impulsos e nossas paixões na autêntica órbita da interioridade. E para estar maduro é preciso crescer! Enquanto caminhamos pelos labirintos de nossa vida, acostumamo-nos a tantos tombos entre acertos e desacertos que precisamos aprender sobre as vitórias, bem como sobre as derrotas (geralmente nos acostumamos a capitalizar muito melhor nossos erros e fracassos do que os acertos e os êxitos de nossos aprendizados). Só exercendo a **maturidade emocional** e a **paz interior** alcançamos a verdadeira liberdade e sabedoria. Isso consiste na aceitação (básica) de que somos viajantes. Viemos para este mundo para aprender a nos soltar e partir, permanentemente: primeiro do ventre da mãe; depois de seu colo e das fraldas; mais tarde da família; logo depois das prisões; mais adiante, também das ideologias; e, finalmente (quando já temos uma visão própria do mundo em que nos coube viver), temos de sair também do próprio mundo. Nós, seres humanos, gozamos nossa verdadeira liberdade quando entendemos que o único momento em que os homens têm verdadeiramente **poder** é no **presente** (nosso "aqui e agora"), que **o passado é tesouro puro** (um imenso capital de experiências, inclusive nossas faltas, inquietações e erros) e o **futuro é possibilidade pura**. Temos de aprender a nos desapegar das pendências (que nos prendem ao passado) e a não ter tanto medo nem tantas expectativas em relação ao futuro. Com demasiada freqüência sentimos muito medo de nossas falhas e de nossos erros. Custa-nos compreender o que costumam dizer os sábios: "Não há erro que não contenha acerto; nem acerto que não contenha erro". Às vezes ficamos fixados na indecisão (para não nos enganarmos) e não nos damos conta de que é melhor qualquer equívoco (do qual afinal é sempre possível aprender alguma coisa) do que se manter na indecisão (essa aparente quietude repleta de tormentos e geradora de angústias e malogros). Por outro lado, "não escolher" é (em última instância) também uma decisão. É nada mais nada menos que "escolher não escolher", o que (quase sempre) resulta ser o menos adequado (e o que mais emperra na vida). Em geral, no final da existência, alguém acaba se lamentando (quase sempre) daquilo que não se atreveu; quase nunca se julga inteiro por isso. Pois bem, tudo isso que tanto nos prende (impedindo a liberdade, a espontaneidade de movimentos e a criatividade) são (geralmente) nossos medos e nossos sentimentos de culpa.

A culpa (ver CULPA) é uma paixão básica do homem (tão primária quanto o desejo). E é precisamente no desejo e nas culpas que se sustentam todos os nossos medos e fascínios (os profundos desafios de nossa liberdade). Toda culpa potencialmente ativa (por não ser suficientemente trabalhada, elaborada, compreendida) pode ser reativada em determinadas situações vitais, no mais latente de nossa profundidade. Além disso, a realidade sempre nos propõe alguns labirintos para despertar essas paixões tão básicas. Permanentemente, a vida põe à prova nossa verdadeira liberdade, para oferecer-nos o crescimento, em nosso caminho de transformação. Então, cada vez que alguma culpa se reatualiza (quer nos damos conta ou não), é porque dentro de nós despertou algum medo infantil (baseado nessa mesma culpa). Parece coisa de criança esperar algum castigo (conhecido) para poder fazer as pazes com as culpas interiores ou acabar com o julgamento e a zanga dos adultos. O máximo terror infantil pode surgir quando o castigo esperado não vem... (isso parece aumentar ainda mais a culpa porque quanto mais interminável for a espera, maiores serão os medos — o medo maior é o que vai se acumulando na interminável espera de algum castigo desconhecido, adiado e ameaçador). Assim como os medos, muitas outras paixões sustentam-se nesses sentimentos latentes de culpa: ciúmes, invejas e rancor (por exemplo). Por isso mesmo, quando se trata de liberdade cerceada, é importante considerar a culpa algo arraigado, e ter-se-á que ir buscá-la (se se quer "saber" o que está impedindo a liberdade). Só somos livres quando descobrimos nossas sombras interiores e nossos sentimentos de culpa mais profundos. Esses impecilhos só podem ser elaborados e resolvidos quando conseguimos transformá-los em valores (seu pólo correspondente): **o valor de nossa responsabilidade autêntica**.

O primeiro passo é **compreender** (muitas vezes dolorosamente). Quanto maiores forem as verdades que nos vêm do sombrio interior, mais elas doem. Reconhecê-las e aceitá-las é, no começo, todo um processo; logo (aos poucos) as coisas podem se tornar mais simples e até divertidas. Reconhecernos tão infantis (no fundo) pode despertar nosso humor, o que em si já é uma forma notável de nos conectarmos com o amor. Rir de nós mesmos pode ensinar a gostarmos de nós mesmos de verdade (de modo cada vez mais autêntico), e o amor é fonte da verdadeira liberdade. Para dar uma idéia da complexidade disso tudo, lembremo-nos de como é difícil **perdoar** e (ainda mais) **perdoar a nós mesmos** (nossa cultura, tão "culpógena", não nos ajuda muito). Na maioria das vezes temos de andar (ou não andar) pelo mundo carregados de culpas e desconfiados, evitando ou esperando castigos. Ao destino, à sorte, aos outros, aos sistemas, ao mundo, ao nada, à morte, à vida, ou ao próprio Deus, transferimos a tarefa de nos premiar ou nos castigar (de perdoar-nos ou cobrar nossas dívidas). Custa nos darmos conta de que somos nós mesmos (obscuramente, do mais profundo de nossa onipotência infantil) que (acreditando-nos deuses) julgamos secretamente a nós mesmos; assim como nos pomos gratuitamente a julgar os demais. E então, junto com a perda de nossa soberania, volatizamos também nosso bem-estar e nossa alegria; adulteramos nossa espontaneidade; comprometemos nossa criatividade e desperdiçamos nossa energia vital. Para podermos ser "nós mesmos", é preciso aceitar os obstáculos e desafios de nossas circunstâncias, enfrentar suas propostas de transformação e abrir-nos ao crescimento e ao aprendizado (que sempre nos espera na vida). Julgar-se em liberdade é ser responsável consigo mesmo e com os demais. Nossa liberdade (do ponto de vista jurídico) termina onde começa a do outro, e somos livres desde que aceitemos o equilíbrio entre nossos direitos e nossas obrigações. Nesse princípio ético está baseada nossa responsabilidade. Na verdade, pode ser muito difícil perceber essa responsabilidade (tanto que nos pode confundir). Muitas vezes, aquilo que consideramos responsabilidade é, na verdade, hiper-responsabilidade "culpógena". Nós, seres humanos geralmente oscilamos entre a **irresponsabilidade** e a **hiper-responsabilidade**. Em muitas ocasiões na vida, certos atos (que consideramos responsáveis) realmente nos pesam. Quando compreendemos que a verdadeira responsabilidade sempre nos dá alegria, então percebemos que, sempre que o esforço para cumpri-la está nos provocando suspiros, é sinal de que a responsabilidade (nesse exato momento) brilha por sua ausência. No mesmo instante ter-se-á perdido também o autêntico sentido da criatividade, da espontaneidade e da liberdade, já que nenhuma dessas qualidade pode estar presente sem as demais... **e cada uma delas, quando verdadeira, dá alegria**. Seguindo o pensamento de Pietro Prini (filósofo italiano contemporâneo), são dois os tipos de alegria com os quais podemos nos deparar no exercício de nossa liberdade: alegria de **sedação** (que sentimos sempre que nos proporcionamos algo de que realmente necessitamos); e alegria da **auto-realização** (aquela outra vivência que emana do mais profundo da alma, quando superamos alguma situação sumamente difícil e percebemos logo ter conseguido, de verdade, uma vitória íntima). É a superação de algumas de nossas próprias contradições. Todos os procedimentos dramáticos propostos por Moreno buscam desdramatizar a vida e têm como finalidade: aprender a soltar-se das coisas pendentes do passado; deixar de tanta inquietação em relação ao futuro; deixar-se fluir na autenticidade de cada momento; deixar de viver tão tragicamente a dor e a tristeza (aceitando suas provas e ensinamentos) para recuperar a própria liberdade e desfrutar seu oásis de alegria (nos momentos em que nos é dado alegrar-nos).

LIMIAR

Na teoria dos papéis, do ponto de vista evolutivo, denominamos limiar o momento de uma matriz (ver MATRIZ) em que acontece e se promove um salto qualitativo na vincularidade do indivíduo. As etapas do processo evolutivo transcorrem em estruturas bipolares, envolvendo **situação** (correspondente aos limiares) e envolvendo **posição** (correspondente às matrizes). A matriz materna, através do limiar natal, transforma-se em matriz de identidade total indiferenciada, e esta fase, através do limiar fundante, transforma-se na matriz de identidade total diferenciada. Mas essas transformações nos modos da vincularidade infantil nunca são tão lineares como acabamos de descrever. Porque, embora os atos de concepção e de nascimento pareçam constituir claros exemplos de limiares, como que verdadeiros saltos qualitativos, em cada limiar se complicam as diferentes tramas evolutivas matriciais. Os primeiros atos respiratórios e as primeiras sucções do papel de ingeridor, que caracterizam o limiar natal, têm também uma inserção na matriz de identidade. Os atos perceptivos do limiar fundante tanto podem ocorrer na fase indiferenciada quanto na fase diferenciada; os atos de auto-afirmação e autonomia podem ocorrer na vincularidade familiar e na vincularidade social.

O conceito de co-implicação é muito importante quando nos detemos na visualização das mudanças de conduta em psicodrama, verdadeiros limiares reestruturadores e, ao mesmo tempo, reatualizações operacionais que integram diferentes vincularidades, que devem coexistir harmoniosamente.

Em outro campo, em antropologia vincular, chamamos de limiar de concepção não apenas o momento exato da concepção genética, mas todo o desenvolvimento dos preâmbulos do ato amoroso fértil ao nascimento da criança. O estudo desse período, tomado como unidade e denominado limiar de concepção, tem sido muito útil à compreensão da cultura inconsciente e seus fenômenos de transmissão de geração a geração.

LOCUS

Os conceitos de *locus*, matriz e *status nascendi* têm profundas implicações práticas e metodológicas. Na realidade são conceitos que norteiam o trabalho psicoterapêutico, segundo uma reformulação de Dalmiro Bustos.

Partimos do pressuposto de que tudo, absolutamente tudo, acontece em algum lugar (*locus*). Mesmo elementos abstratos como a matemática, símbolo em seu estado mais puro, são um pensamento cujo *locus* é o cérebro humano. Há, além disso, uma matriz ou raiz e origem de fato, e um *status nascendi*, ou processo de desenvolvimento do mesmo.

Quando um casal nos apresenta um conflito, ele será o **quê**, dispondo-nos a investigar **onde** se produziu — ou o conjunto dos fatores condicionantes mas não determinantes —, **como** e **por quê** se produziu — ou o conjunto de fatores determinantes; e **quando** foi se desenvolvendo em sua dimensão temporal. Se nos referirmos ao vínculo no qual desejamos operar, buscaremos esses parâmetros para compreender as razões das condutas defensivas que o empobreceram.

O objetivo terapêutico está em, localizado o conflito, investigar o *locus* para operar na matriz. Esta última é a instância operativa única. Não se pode alterar o estímulo, mas pode-se modificar as respostas. Se estas respostas são empobrecedoras do vínculo, trataremos de encontrar alternativas. Geralmente, tende-se a não aceitar as responsabilidades pelas respostas aos estímulos, colocando a ênfase nestes, como se não se os tivesse gerado. Se o terapeuta não estiver suficientemente alerta, as sessões se converterão em uma longa litania. Mas, se se compreende que o foco está na resposta, poderá surgir a assunção de responsabilidade: o paciente gera a resposta, e se ele a gerou, pode modificá-la. Para chegar a este objetivo é fundamental a compreensão dos parâmetros *locus*, matriz e *status nascendi*.

M

MATRIZ

O conceito de matriz é um dos núcleos básicos do pensamento moreniano. Moreno define-o como um *locus nascendi*. Recorre a esse enunciado clássico precisamente para reafirmar que seu conceito de matriz deve ser entendido no sentido de um lugar de **acontecimentos fundantes**. Desse modo concebe a matriz como uma coordenada espaço-temporal oferecida ao ser para todos os choques e encontros.

A matriz moreniana deve ser vista como uma verdadeira área de vínculos. Além disso, para Moreno, matriz é, em si, o próprio conceito de vínculo em sua acepção mais exata. Esse conceito de matriz não deve ser considerado no sentido de um mero molde, mas como um universo de ações e interações fundamentais e constituintes; uma área onde o homem desempenha todos os encontros e desencontros; um *locus* peculiar, onde vão surgir todos aqueles papéis protagônicos, deuteragônicos e antagônicos que determinam e marcam, no momento mesmo em que emergem originalmente, as características funcionais de um determinado indivíduo, no processo evolutivo em que ele vai se constituindo.

Para Moreno, essas idéias transcendem a preocupação de apenas esboçar um modelo evolutivo operacional para a atividade psicodramática. Vão muito além, inclusive, de seus novos achados clínicos. Essa concepção de matriz é uma das idéias capitais de seu pensamento e se projeta como elemento fundamental da cosmovisão totalizante de seu próprio mundo pessoal (ver COSMOVISÃO MORENIANA).

Nos escritos de Moreno encontramos a descrição de seu modo de conceber um modelo evolutivo humano. Assim como antes de nascer o ser humano se encontra abrigado na matriz materna, a partir do nascimento a criança deverá transpor outros três universos para continuar seu processo constituinte de uma identidade singular.

A matriz de identidade (ver MATRIZ DE IDENTIDADE), a matriz familiar (ver MATRIZ FAMILIAR) e a matriz social (ver MATRIZ DE IDENTIDADE) são universos que aguardam o ser humano, assim que ele sai do útero materno mediante o ato do nascimento. Segundo Moreno, para todos seres humanos isso não será uma simples passagem evolutiva linear. As matrizes morenianas não devem ser consideradas elos que vão se atando seqüencialmente durante o processo evolutivo e que, portanto, serão deixados para trás à medida em que esse processo avança.

Assim como o ego é pensado por Moreno como um mosaico ou uma mórula, ou seja, um conjunto de átomos culturais (ver ÁTOMO CULTURAL) compostos de todos os papéis que o integram, o ser humano adulto em seus aspectos multifacetados e em seus modos dese vincular sempre apresenta, concomitante e co-implicitamente, em qualquer um de seus atos, todas e cada uma de suas matrizes.

Isso permite compreender por que a antropologia moreniana concebe o homem como um ser fundamentalmente vincular e, como tal, em suas múltiplas formas de se vincular, como um ser complexo e misto. É esta concepção antropológica que permite a Moreno superar as taxonomias psicopatológicas.

A proposta terapêutica de Moreno é, essencialmente, apresentar no cenário psicodramático um *locus nascendi* e um *status nascendi* resolutivo, ou seja, uma nova matriz reestruturadora.

MATRIZ DE IDENTIDADE

Mediante o ato do nascimento, a criança transpõe um limiar, passando da **matriz materna** a um novo universo, que Moreno denominou matriz de identidade. Segundo Moreno, nessa matriz aberta é oferecida à criança uma nova placenta, uma **placenta social** onde ela possa se arraigar. Essa placenta é constituída pelos vínculos com os pais e com as demais pessoas ou seres significativos que vão rodear a criança. Todos a esperavam, antes do seu nascimento, e houve uma verdadeira mudança nas relações e nas interações desses egos-auxiliares naturais. A casa mudou, o quarto destinado à criança foi modificado etc. Desde o momento do nascimento, esse novo universo caracteriza-se por um modo especial de coexistência e de co-experiência, tanto para a criança como para os egos-auxiliares naturais. Nesse universo, o vínculo entre a mãe e o filho funciona como um todo inseparável. Ambos formam o núcleo fundamental da matriz de identidade e se fundem em uma só unidade, que constitui a zona (ver ZONA).

Nos trabalhos de Moreno, a matriz de identidade foi claramente descrita em suas duas fases: a fase da matriz de identidade total indiferenciada ou primeira fase (ver MATRIZ DE IDENTIDADE TOTAL INDIFERENCIADA), e a fase de matriz de identidade diferenciada ou segunda fase, também chamada por Moreno de fase de realidade total (ver MATRIZ DE IDENTIDADE TOTAL DIFERENCIADA).

Na matriz de identidade, a criança começa a desenvolver os papéis psicossomáticos com o objetivo primal de resolver suas necessidades biológicas em sua nova situação no meio aberto que a cerca. Com essa tensão, começa também a enfrentar seu processo de diferenciação.

MATRIZ DE IDENTIDADE TOTAL DIFERENCIADA

É a segunda fase da matriz de identidade (ver MATRIZ DE IDENTIDADE). Nela começam a se estabelecer certas diferenciações: proximidade e distância, antes e depois, interno e externo. A partir desses discernimentos, que funcionam como verdadeiros atos fundantes, a criança vai constituindo um novo modo de ser.

É nessa segunda fase da matriz de identidade que começam a emergir novos papéis e os contrapapéis começam a se distinguir como funções. Nessas emergências e seus atos fundantes, o ser vai instituindo um pré-eu no qual confluem todos os seus papéis, e, a partir daí, a criança pode se posicionar perante um pré-não-eu, no qual, por sua vez, irá colocando todos os papéis complementares, como, por exemplo, as funções parentais. Isso será, para a criança, uma verdadeira seqüência dramática de acontecimentos antagônicos e deuteragônicos.

Nesta fase, quando o pré-não-eu já pode começar a ser percebido como um conjunto de normas ou de funções, há um processo de interações diferenciadas, instituídas em uma ordem, que podemos caracterizar como interações de tipo mágico. Esse ordenamento evidencia a forma característica do promotor e do interjogo domesticador. É nessa fase infantil que começa a entrar em crise a relação de pura proximidade e de puro presente, própria do sincretismo da fase anterior, e começa a se esboçar na criança uma percepção do tempo e do espaço. Por uma série de atos fundantes, a criança se lança no reconhecimento da distinção entre suas necessidades e suas funções que as satisfazem.

Com esses discernimentos, a criança poderá separar de si o objeto como uma forma, e a função parental como uma figura fisiognômica, que, por sua vez, será responsável pela constituição da própria criança, dando a ela uma imagem e instituindo nela um princípio de identidade. Nessa matriz, as funções parentais começarão a se destacar como figuras fisiognômicas que, pouco a pouco, se distinguirão do pré-eu.

Serão esses discernimentos que, finalmente, possibilitarão a emergência de uma capacidade que Moreno denominou faculdade télica (ver TELE), que permite à criança começar a se relacionar à distância com o não-eu. As coisas e as figuras, agora já instituídas como figuras fisiognômicas familiares que acabam de ser destacadas, permitem à criança, simultaneamente, destacar-se. Mas, apesar desses destaques, a peremptoriedade da necessidade infantil ainda é tão poderosa que continua colorindo dramaticamente todas as interações ocorridas durante as duas fases do primeiro universo. O interjogo continua, com todas as características pré-motoras, faminto por satisfações imediatas. Nessa ordem, o impulso procura intensamente ser aplacado; essa tensão é muito forte durante toda a matriz de identidade.

Portanto, nesse momento, a capacidade télica da criança é apenas um esboço, e o papel está tão ancorado em seu complementar que constitui, com seu outro pólo, uma tentativa permanente de duplo lastro, como se primassem poderosamente em todos os inter-relacionamentos a lei mágica do contato encarnante e a lei da similitude. Por isso as técnicas psicodramáticas mais adequadas para favorecer a produção de distinções no plano desses papéis fixados em fases arcaicas são o duplo e o espelho (ver TÉCNICA DO DUPLO, TÉCNICA DO ESPELHO).

Decerto a criança ainda não consegue discernir entre o real e o imaginário. A brecha entre fantasia e realidade está começando a se estabelecer. Quando estiver consolidada, a criança terá entrado no segundo universo, denominado por Moreno de matriz familiar (ver MATRIZ FAMILIAR).

MATRIZ DE IDENTIDADE TOTAL INDIFERENCIADA

É a primeira fase da matriz de identidade (ver MATRIZ DE IDENTIDADE). Nessa fase, a criança ainda não consegue distinguir proximidade e distância, antes e depois, dentro e fora. Está imersa em um sincretismo absoluto: todas as pessoas, os objetos e ela mesma não podem ser diferenciadas. Por estar submersa na pura experiência de devir, desdobra-se em uma contínua concatenação de atos em que ela mesma é cada um e a totalidade desses atos. Moreno denomina este *continuum* de acontecimentos fome de atos infantil (ver FOME DE ATOS).

Nessa absoluta indiferenciação, não surgiu o papel observador que pode registrar os acontecimentos. A única função de registro nessa fase insere-se na opacidade do corporal. Tais registros, quando aquecidos e resgatados pelo psicodrama, podem aparecer como climas, estados de ânimo ou atitudes básicas em algum papel psicossomático, já que é nessa primeira fase infantil que emergem os papéis psicossomáticos. Esses papéis devem ser complementados pelas funções dos egos-auxiliares naturais, que devem atuar como papéis complementares. Para a criança, essas funções ainda estão imersas em um sincretismo total e, por isso, não podem ser discernidas.

Quando o desenvolvimento neurológico permitir, a criança começará a discernir e poderá realizar suas diferenciações primigênias de proximidade e distância, antes e depois, interno e externo. Neste limiar ela entrará na segunda fase do primeiro universo infantil (ver MATRIZ DE IDENTIDADE TOTAL DIFERENCIADA).

MATRIZ FAMILIAR

Ao se consolidar a brecha entre fantasia e realidade (ver BRECHA ENTRE FANTASIA E REALIDADE), a criança chega ao segundo universo vincular, que Moreno denominou matriz familiar. Para ele, em seu modelo do papel ingeridor, os papéis psicossomáticos estão na terceira etapa de desenvolvimento dessa matriz: "a distinção de um terceiro na continuidade da experiência".

Nessa matriz emergem os papéis denominados originários (ver PAPEL ORIGINÁRIO), sustentados nos psicossomáticos, aos quais se justapõem. Os papéis imaginários são desempenhados no vínculo da triangularidade (filho-mãe-pai). Isso implica em sua diferenciação no próprio ato do seu surgimento. As funções parentais (ver FUNÇÕES PARENTAIS) da fase indiferenciada, que se destacaram como figuras fisiognômicas (ver FIGURAS FISIOGNÔMICAS) na fase diferenciada da matriz de identidade, assumem, neste *locus*, graças à nova percepção da criança, as características de personagens familiares (ver PERSONAGENS PARENTAIS).

Como podemos ver, a matriz familiar é, em última instância, a rede vincular que vai se formando na interação desses papéis originários. A triangularidade desses vínculos, os jogos do terceiro incluído e do terceiro excluído, se apresentam como zona para o desenvolvimento infantil. A ansiedade básica da matriz de identidade, a fome de atos (ver FOME DE ATOS) começa a diminuir, dando lugar à fome de transformação.

Na descrição fenomenológica do que ocorre nessa matriz, impõe-se sua divisão em duas fases: a fase mítica (ver FASE MÍTICA DA MATRIZ FAMILIAR) e a fase ideológica (ver FASE IDEOLÓGICA DA MATRIZ FAMILIAR), que se caracterizam por ordens axiológicas e interações vinculares diferentes.

MATRIZ SOCIOMÉTRICA

É um conceito descrito por Moreno, que compreende todas as estruturas vinculares de um grupo. Aparentemente invisíveis à mera observação macroscópica, elas podem ser descobertas pelo estudo sociométrico. Essa matriz é composta por diversas configurações que tornam evidente a trama específica da rede sociométrica. Quando estudada especificamente, essa rede aparece em toda sua complexidade vincular.

MAXIMIZAÇÃO

Técnica psicodramática em que o protagonista leva ao grau máximo determinada expressão, quer com o corpo, quer com a palavra, para conseguir o aquecimento adequado.

MEMÓRIA INFANTIL

Muitos autores estão de acordo em situar o surgimento evolutivo da memória infantil aproximadamente aos três anos de idade. A teoria dos papéis situa a aparição do **papel observador** neste mesmo momento da evolução infantil.

METABOLISMO DOS SIGNIFICADOS

Carlos Martinez Bouquet, em sua teoria da cena (ver TEORIA DA CENA), postula a existência de três planos ou registros inter-relacionados, entre os quais circulam os significados dramáticos e o drama humano em geral. Esses planos ou registros denominam-se:
Plano da Vida: compreende não só as dimensões biológica ou histórico-biográfica, mas "todas" as dimensões possíveis do humano. Martinez Bouquet atribui a esse registro a maior amplitude e o conteúdo mais concreto (do vocábulo grego que significa "com tudo", "tudo junto", "inteiro", "completo").
Plano Discursivo: o das simbolizações, o mais limitado, o manifesto, que Martinez Bouquet qualifica de abstrato (do grego, que significa o ato de tirar algo de alguma coisa, de privar alguém de algo ou pôr à parte).
Plano Imaginário: situado entre os outros dois, mais abstrato do que o da vida, mas mais concreto do que o discursivo, ao qual é subjacente e determina, excedendo-o claramente quanto à amplitude e à incomensurabilidade.

Entre esses três planos, os significados vão se modificando, transformando-se ao circularem de um ao outro, destacando-se esse processo na gênese dos produtos da criatividade (ver CRIATIVIDADE), entre outros.

Na clínica psicodramática tem especial interesse a passagem do discursivo (manifesto) ao imaginário (latente), visto que, freqüentemente, as elaborações discursivas são utilizadas pela repressão para impedir um contato adequado com o imaginário, e, além deste, com a dimensão mais complexa e totalizante, que o autor denomina plano da vida (ver CENA).

MIMESE

É a atividade que conduz à produção de figuras e imagens no modo corporal do dizer. A mimese começa como espelho, como imitação do que foi desempenhado pelo papel complementar — primeiro momento no processo de assunção de novos papéis.

Sustentada nessa primeira repetição, surge a criatividade dos gestos, que consegue, em um segundo momento, modificar a reprodução do modelo, dando-lhe características próprias.

A função mimética efetua a passagem do sinal ao signo, fundando uma linguagem gestual. Isso permite transformar o modo corporal do dizer e introduz nele uma sintaxe imaginária.

MITO FÁUSTICO

Esse mito complexo tem diversos desenvolvimentos. Um deles representa a luta entre o bem e o mal. É nas lendas mais antigas que se observa esse aspecto elementar. Aí se chocam, antagonicamente, o angelical e o demoníaco. O pacto satânico, com sua iniqüidade, marca definitivamente a nítida separação entre o probo e o réprobo, para finalmente encontrar sua resolução dramática na condenação de Fausto. Segundo essa visão ingênua, o castigo eterno é o apogeu do desenvolvimento mítico.

Posteriormente, foram sendo acrescentados às lendas matizes mais elaborados. Fausto nelas aparece profundamente preocupado com o saber. Nessas linhas mais sutis, o mito nos mostra um herói capaz de qualquer sacrifício. Este Fausto, profundamente motivado por sua busca científica, está disposto a colocar em jogo sua própria salvação eterna para poder continuar sua investigação. Em seu afã há um fundo generoso, uma necessidade de ajudar seu semelhante. O tortuoso caminho demoníaco do pacto tem nessa generosidade o seu contrapeso. Com seu pacto, Fausto procura conseguir um momento de paz, uma remanso em meio à sua existência torturada por sua constante vigília de lucidez — o enorme esforço intelectual que é sua vida. Vista desta perspectiva, a vida de Fausto é, portanto, a busca desesperada por um momento vivencial que pelo menos valha a pena ser vivido.

O pacto diabólico é um velho mitema e, como tal, pode ser rastreado nos vestígios de diversas culturas arcaicas e em algumas lendas das culturas primitivas atuais. Em geral, está relacionado com certos ritos dramáticos. No Ocidente, é um mito relacionado com as buscas da alquimia. O pacto diabólico teve sua primeira expressão e antecedente na literatura ocidental em uma obra-prima espanhola do século XIV, *O conde Lucanor*. Na primeira metade do século XVI, parece terem existido dois Faustos: há vestígios de um Johan e de um Georgus. Ambos eram demonologistas e charlatães e há indícios de que um deles chegou a ser professor na universidade de Heidelberg. Sua lenda foi divulgada na tradição oral, em comentários de vários seguidores de Lutero. Em 1587, Johan Spies relatou-o de forma elementar em seu *Livro de Fausto*. Em 1592, o dramaturgo britânico Christopher Marlow sentiu-se atraído pela mesma temática. Enfim, o mito se consolidou definitivamente no século XVII. Em 1784, o poeta Gotthold Lessing mudou o desenlace, com a salvação de Fausto.

Johann Wolfgang Goethe (1749-1832) trabalhou durante mais de quarenta anos em sua gigantesca obra, em que o mito de Fausto alcançou seu máximo esplendor. Essa criação de Goethe ilumina o mito com a luz do romantismo, em pleno apogeu. A idéia de liberdade, a valorização do amor em sua concepção transcendente, a exaltação da beleza feminina e o arrojo — aspirações existenciais máximas, capazes de dar sentido à vida — caracterizam o poema. Mas destaca-se ao longo de seu desenvolvimento a grandiosa profundidade que Goethe outorga às paixões humanas, com a descrição dos mais elevados sentimentos do homem, assim como a possibilidade de suas enormes quedas. Essa obra-prima da arte poética do

Ocidente relativa a esse mito influenciou profundamente Freud, Jung e Moreno.
Paul Valéry e Thomas Mann, na Europa, e Estanislao del Campo e Ricardo Guiraldes, na Argentina, também foram atraídos pelo tema.

(Ver FIGURAS CLÍNICAS.)

MODOS DE SER

MOMENTO

Segundo Martin Heidegger (*O Ser e o Tempo*), a temporalidade é uma das categorias essenciais da existência humana (existenciários).

Para as filosofias da vida, o momento é o instante do "ser e estar", do viver e criar.

O pensamento moreniano distingue três fatores: o *locus nascendi*; o *status nascendi*; a matriz.

Eles representam três visões do mesmo processo. Não há "coisa" sem *locus*; não há *locus* sem um *status nascendi*; não há *status nascendi* sem sua matriz.

MULTIPLICAÇÃO DRAMÁTICA

Termo definido pela escola argentina de psicodrama psicanalítico (Eduardo Pavlowsky, Hernán Kesselman, Luis Fsydlewsky).

Define uma forma de trabalho seqüencial que, em uma estrutura denominada cena temida (ver CENA TEMIDA), surgida em um grupo de investigação dramática específica, passa pela cena consoante (ver CENA CONSOANTE) depois pelas cenas ressoantes (ver CENA RESSOANTE), desembocando enfim na cena resultante (ver CENA RESULTANTE). Com esse modo de proceder, consegue-se tanto a modificação do protagonista quanto dos demais integrantes da cena da qual se partiu.

MUNDO AUXILIAR

É uma técnica psicodramática indicada para o tratamento do delírio psicótico (ver REALIZAÇÃO PSICODRAMÁTICA). Está descrito por Moreno em *Psicoterapia de grupo e Psicodrama*.

MUTUALIDADE

Em sociometria, mutualidade é um encontro entre duas ou mais pessoas que se escolhem com o mesmo sinal (positivo, negativo ou neutro) seja ele atração, rejeição ou indiferença.

Segundo Dalmiro Bustos, o dinamismo da relação estará determinado, não só pela mutualidade aparente, mas por outras duas condicionantes: a **força da escolha** (não é o mesmo se A escolher B em segundo lugar e B escolher A em primeiro lugar) e o **grau de percepção pessoal**.

N

NASCIMENTO

Na hipótese da teoria dos papéis, os atos de todo nascimento são um triunfo da saúde e uma vitória da integração; traumático é não nascer. Como se pode observar, a concepção moreniana do nascimento, ao contrário de outras hipóteses, é de que ele é um processo criador, não um trauma (ver CATARSE DE INTEGRAÇÃO).

NORMAS GRUPAIS

Pactos que unem os integrantes de um grupo terapêutico, funcionando como regras básicas para seu funcionamento adequado. São eles: pacto de renúncia à habitualidade vincular (ver PACTO DE RENÚNCIA À HABITUALIDADE VINCULAR); pacto de controle das agressões físicas e sexuais (ver PACTO DE CONTROLE DAS AGRESSÕES FISICAS E SEXUAIS); pacto de sinceridade grupal (ver PACTO DE SINCERIDADE GRUPAL); pacto do segredo grupal (ver PACTO DO SEGREDO GRUPAL).

NÚCLEO DO EU

Rojas Bermúdez chama de núcleo do eu a estrutura resultante da integração de três áreas (segundo Pichón Rivière) — mente, corpo e ambiente — com os três papéis psicossomáticos — o ingeridor, o defecador e o urinador.

Representa-o por um círculo separado em três fragmentos iguais. Cada um deles representa uma área e seus raios representam os papéis. Entre a área do ambiente e a do corpo está o papel ingeridor; entre a área do corpo e a da mente, o papel urinador; e entre a área do ambiente e a da mente, o papel defecador.

Assim sendo, segundo esse autor, o eu resultaria da integração dos seis elementos que intervêm no núcleo do eu, mas como uma instância nova e diferente.

OBSERVADOR PARTICIPANTE

É um papel específico e essencial no psicodrama. Trabalhar nesse papel é dirigir a investigação grupal de forma mais completa do que em qualquer outro.

Em psicodrama, um investigador só pode penetrar na unidade profunda do grupo quando se torna um integrante comprometido no mesmo processo grupal que deseja investigar e do qual não pode se excluir. Não poderá haver objetividade na investigação sem pôr constantemente em jogo a subjetividade do participante.

Para poder chegar ao papel de observador participante é preciso ter passado antes pelos papéis de protagonista, ego-auxiliar e diretor, que possibilitam a investigação pessoal. Só com a experiência de uma longa série de inversões de papéis e de um processo de constantes subjetivações e objetivações pessoais, é possível chegar ao plano adequado à investigação neste papel de observador participante. Só assim pode ser perfeitamente registrado o desenvolvimento de uma dinâmica grupal, e toda sua profundidade ser entendida.

É a esse plano de investigação que Moreno outorga a categoria de sociometria. Não é possível situar-se nele se antes não tiver sido explorada uma grande quantidade de cenas e mitos pessoais. O plano mais baixo de desempenho desse papel é o de observador participante ingênuo — o integrante de grupo principiante.

OBSERVADOR PARTICIPANTE INTERNO

(Ver EGO OBSERVADOR.)

ORIGINALIDADE

Para Moreno, ela é uma das formas da espontaneidade (ver ESPONTANEIDADE). Designa a formação de expressões livres da personalidade. Embora não chegue a ser criatividade, ela expressa uma ampliação ou variação do tesouro ou estereótipo cultural (conserva), usado como modelo. Moreno dá como exemplo a poesia composta por adolescentes.

Em uma dramatização, chamamos de originalidade **dramática** a característica da ação em que o protagonista desempenha um mesmo papel que já havia representado antes, mas, agora, de forma diferente, imprimindo-lhe algumas variações e ampliando seu repertório. A leitura da característica originalidade dramática indica-nos a evolução do processo de espontaneidade de um paciente.

P

PACTO DE CONTROLE DAS AGRESSÕES FÍSICAS E SEXUAIS

Norma básica para o funcionamento adequado dos grupos terapêuticos. Qualquer tentativa de "atuação" neste sentido pode ser dramatizada no cenário de modo controlado e terapêutico. O psicodrama e o sociodrama oferecem técnicas e táticas reguladas para conter essas agressões, trabalhar com elas e compreendê-las profundamente. Isso garante que a livre expressão de qualquer material, tanto ira quanto desejo passional, vá surgindo naturalmente, pois o pacto de controle e sua canalização para o "como se" dramático permitirão sua elaboração profunda.

PACTO DE RENÚNCIA À HABITUALIDADE VINCULAR

Convenção compartilhada para limitar ao máximo encontros vinculares fora do contexto terapêutico.

É uma das normas básicas para garantir o funcionamento adequado dos grupos. Garante capitalizar ao máximo a "energia de manutenção" e os materiais de interação para a produção e a operacionalidade terapêutica. Não funciona como uma regra rígida, pois permite encontros solidários no contexto social, quando necessários. Apenas limita sua habitualidade (como, por exemplo, o costume de se reunir sistematicamente para tomar café após cada sessão), já que as tendências à habitualidade podem gerar projeções, cargas transferenciais fora de controle, reforços defensivos e inclusive atuações.

Esse pacto é complementado pela norma de sinceridade grupal, que estipula a introdução, no contexto terapêutico, de tudo que ocorre fora do grupo, entre os companheiros de terapia, para melhor elucidação e compreensão.

PACTO DE SEGREDO GRUPAL

É o pacto de discrição entre os integrantes de um grupo, equivalente ao segredo profissional. É uma das normas básicas para o funcionamento adequado dos grupos terapêuticos; garante a livre expressão de qualquer material de interação (o que se pensa, percebe, sente e intui) para que possa ser elaborado sem temores de que ela transcenda a intimidade e a privacidade estritamente necessárias à confiança terapêutica de cada integrante.

PACTO DE SINCERIDADE GRUPAL

É uma norma básica para o funcionamento adequado da terapia grupal. Garante a expressão livre, espontânea e responsável de todo material de interação vincular. É a convenção compartilhada de superar, na medida do possível, aquilo que limita ou cerceia inadequadamente a expressão do que se sente, pensa, percebe ou intui, em si ou nos outros, para melhor elaboração. Ele garante que o grupo como um todo e cada um de seus integrantes funcionem como agentes terapêuticos, uns em relação aos outros, sem subterfúgios conscientes.

PAPEL

Conceito extraído por Moreno do teatro grego clássico, em que diversas partes dramáticas eram escritas em "rolos". Nos séculos XVI e XVII, quando o teatro moderno surgiu, os papéis dos personagens dramáticos foram registrados em *roles* (fascículos de papel), a partir dos quais cada parte da obra teatral passou a ser um "papel". Portanto, a origem do termo deve ser rastreada no teatro, cujas perspectivas adotou, e não na psiquiatria ou na sociologia.

A teoria psicodramática dos papéis leva esse conceito a todas as situações da vida, pois seu processo de desenvolvimento começa com o nascimento e continua por toda a existência do indivíduo e sua participação na sociedade. Moreno defende que o desempenho dos papéis é anterior ao surgimento do eu (*self*) e à aquisição da linguagem; o eu surge dos papéis e se constitui como estruturação tardia. Antes e imediatamente após o nascimento, a criança vive em um universo indiferenciado, chamado matriz de identidade (ver MATRIZ DE IDENTIDADE). Essa matriz é um *locus* existencial, de onde os papéis emergem, em fases gradativas. Os papéis precursores do eu tendem a se agrupar e se unificar, formando cachos ou feixes.

Os primeiros a aparecer são os papéis psicossomáticos (ver PAPÉIS PSICOSSOMÁTICOS): papel de contactador, de urinador, de respirador, de ingeridor, de defecador, de perceptor e cinésico, em cujo desempenho a criança aprende a experimentar seu corpo. Entre todos eles desenvolvem-se vínculos operacionais que os associam e integram em uma unidade que podemos considerar uma espécie de "eu fisiológico", ou seja, um "eu" parcial, ou cacho de papéis psicossomáticos. Mais tarde, durante o desenvolvimento individual, vão emergindo os papéis fundantes que, por sua vez, se agrupam e formam o que podemos chamar de "eu psicodramático". Esses papéis ajudarão a criança a experienciar sua psique. Os papéis sociais, por sua vez, constituem um "eu social". Todos esses "eus parciais" não são ainda o "eu total integrado", que ainda não nasceu. Terão de ser desenvolvidos vínculos operacionais e de contato entre esses três cachos de papéis, para que possam ser unificados e, assim, ser experimentado o que denominamos nosso "eu". Assim sendo, os aspectos tangíveis do eu aparecem nos papéis como função dos denominadores coletivos e suas diferenciações individuais.

Se passamos — como temos feito — da perspectiva evolutiva à visão psicodramática de uma determinada conduta, "Papel é a forma de funcionamento que um indivíduo assume no exato momento em que reage a uma situação específica em que estão envolvidas pessoas e objetos que atuam como contrapapéis". Pois bem, sempre que se observa uma conduta social de um indivíduo, se está selecionando só um dos pólos da interação em jogo, e isso é sempre uma redução, e, para o seu estudo, é importante saber que a estamos selecionando.

O papel social percebido em um indivíduo é também manifestação de um conjunto de outros papéis subjacentes (papéis psicossomáticos fundantes, familiares) integrados no papel social e a ele submetido, já que os sustenta.

Todos esses papéis (inclusive os psicossomáticos) são considerados por Moreno "unidades culturais de conduta" ou, falando de outra maneira, papéis que aprendemos a desempenhar durante cada processo evolutivo ontogenético, quando estamos imersos em momentos originários de vincularidade.

No cenário psicodramático, a percepção de um papel promove atos cognitivos que permitem operar e reestruturar respostas. A representação de um papel possibilita isso.

O **desempenho** de um papel é tanto uma função perceptiva quanto representativa, enquanto a **aprendizagem** de papéis é um passo adiante, pois em tais representações e desempenhos é possível reensaiar operativamente e treinar para atuar de modo adequado em situações futuras.

Nessas tarefas operacionais de treinamento dirigido, Moreno diferencia três instâncias: **receptor de papéis** — aquele que assume um papel acabado, plenamente estabelecido, que não permite variação nem liberdade; **intérprete de papéis** — situação em que o indivíduo desfruta de uma certa liberdade; **criador de papéis** — o indivíduo goza de alto grau de liberdade, como ocorre nas representações espontâneas.

Uma classificação dos papéis, sem pretender com esta taxonomia esgotar o tema, agrupa-os:

1. Considerando seu desenvolvimento evolutivo:
   papéis psicossomáticos (ver PAPEL PSICOSSOMÁTICO);
   papéis fundantes (ver PAPEL FUNDANTE);
   papéis originários (ver PAPEL ORIGINÁRIO);
   papéis familiares (ver PAPEL FAMILIAR);
   papéis sociais (ver PAPEL SOCIAL);
2. Considerando sua potencialidade, sua efetividade e seus modos de atualização:
   papéis ausentes (ver PAPEL AUSENTE);
   papéis latentes ou potenciais (ver PAPEL POTENCIAL);
   papéis emergentes (ver PAPEL EMERGENTE);

papéis adequadamente atingidos (ver PAPEL ADEQUADA-
MENTE ATINGIDO);
papéis rudimentarmente desenvolvidos (ver PAPEL RUDI-
MENTARMENTE DESENVOLVIDO);
papéis malogrados (ver PAPEL MALOGRADO);
papéis temidos (ver PAPEL TEMIDO);
papéis resistidos (ver PAPEL RESISTIDO);
papéis impossibilitados (ver PAPEL IMPOSSIBILITADO);
3. Considerando a intersubjetividade e a interobjetividade de suas experiências, em:
  papéis psicodramáticos (ver PAPEL PSICODRAMÁTICO);
  papéis sociodramáticos (ver PAPEL SOCIODRAMÁTICO);
4. Considerando o movimento vincular que os sustenta de modo predominante (ver VÍNCULO):
  papéis autônomos;
  papéis heterônomos (promotores e heterônomos solidários);
5. Considerando essas autonomias ou suas promoções ou ainda sua capacidade solidária (ver ANTAGONISTA, DEUTERAGONISTA):
  contrapapéis ou papéis complementares intuídos (ver PAPEL COMPLEMENTAR INTUÍDO);
  contrapapéis ou papéis complementares percebidos (ver PAPEL COMPLEMENTAR PERCEBIDO);
  contrapapéis ou papéis complementares;
  contrapapéis ou papéis complementares promovidos (ver PAPEL COMPLEMENTAR PROMOVIDO);
  contrapapéis ou papéis complementares designativos (ver PAPEL DESIGNATIVO);
  contrapapéis ou papéis complementares exigidos (ver PAPEL EXIGIDO).

PAPEL ADEQUADAMENTE DESEMPENHADO

São assim denominadas as condutas sociais que, uma vez assumidas, são desempenhadas com liberdade, espontaneidade, criatividade e responsabilidade, sendo sua atualização adequada à situação (ou interação) em que surgem. Quando se manifestam pela primeira vez, promovem vivências gratificantes de auto-afirmação. Ao que parece, isto pode ser observado, tanto no protagonista quanto nos complementares de sua vincularidade, por meio dos sinais característicos daquilo que em fisiologia é chamado de *eustress*, cujo sintoma principal é "a alegria" (manifestação da liberdade).

PAPEL ANTAGÔNICO

Antagônico se refere ao papel que se opõe ao protagonista e cria obstáculos em seu caminho. Em arte dramática, onde surgiu esse conceito, a função do antagonista é desempenhar, em oposição ao protagonista, a tensão dos opostos conflitantes de toda ação dramática. Sem opostos conflitantes não haveria nem movimento nem ação no drama, assim como não haveria movimentos nem desdobramentos na vida. O papel antagônico é também denominado contrapapel.

PAPEL AUSENTE

Denominam-se assim os papéis que não somente não se atualizam nem se efetivam, nem se manifestam em uma determinada situação, mas que nem sequer são potencialmente registrados na memória cultural de um indivíduo.

PAPEL AUTÔNOMO

Considerando-se o movimento vincular dominante em que se sustenta (ver VÍNCULO), e, neste caso, o **pólo de rotação em torno de si mesmo**, é assim chamado todo papel que pode ser desempenhado no mundo, sem propor e muito menos exigir do outro senão um papel complementar. Da perspectiva evolutiva, podemos encontrar papéis autônomos em quaisquer universos (ou matrizes) que observemos.

O feto, na **matriz materna**, desempenha papéis autônomos durante seu desenvolvimento genital, assim como quando suga um dedo, como mostra a ultrassonografia. A mãe desempenha papéis autônomos quando não está centrada no filho que tem em seu ventre; o recém-nascido, na **matriz de identidade**, também os atualiza em determinados momentos e, na **matriz social**, nós os desempenhamos permanentemente, ao nos afastarmos da relação com os outros, submergindo na solidão da relação com nós mesmos ou na contemplação da natureza, ensimesmados em um trabalho pessoal de investigação teórica. Quando esses papel se exacerbam patologicamente, aparece sob a forma de isolamentos neuróticos ou autismos psicóticos.

PAPEL COMPLEMENTAR

(Ver PAPEL DEUTERAGÔNICO, CONTRAPAPEL.)

PAPEL COMPLEMENTAR DESEJADO

Falar do desejo é, de alguma forma, falar da vontade de viver, da mesma vontade que os clássicos chamaram, em psicologia, de "impulso vital". Freud, em sua visão labiríntica do mergulho no inconsciente, fala de impulsos libidinosos e de impulsos do ego.

Na teoria dos papéis, Moreno começa a desenvolver a idéia de impulsos do ego, que chama de fome de atos e fome de transformação (ver FOME DE ATOS, FOME DE TRANSFORMAÇÃO).

Na Argentina, o filósofo Héctor Mandrioni desenvolve uma excelente **fenomenologia do desejo**, extremamente útil como modelo complementar ao desenvolvimento da teoria psicanalítica das relações objetais, assim como à teoria psicodramática dos papéis. Resumidamente, na profundidade do **desejo de ser, de ter, de saber**, que Mandrioni denomina tecnicamente desejos categoriais, estão sempre subjacentes os desejos onipotentes de **ser tudo, ter tudo** e **saber tudo, ser feliz para sempre** etc. (desejos metafísicos, na definição técnica de Mandrioni). Em cada desejo sempre são mobilizadas essas vontades. O drama humano, no caminho do crescimento, consiste em perceber isso e aprender quando é preciso renunciar e quanto se pode solidariamente esperar. Nessa fome de papéis complementares no outro, trabalhar com o protagonismo, o deuteragonismo e o antagonismo é trabalhar na elaboração desse drama. Os contrapapéis desejados podem ser exigidos do outro, na interação promotora (ver PAPEL PROMOTOR) ou podem ser propostos solidariamente (ver PAPEL SOLIDÁRIO).

PAPEL COMPLEMENTAR DESIGNATIVO

Em qualquer procedimento dramático denomina-se assim o papel complementar (ou contrapapel) designado a um ego-auxiliar (ver EGO-AUXILIAR), para que se possa representar uma cena. Essa designação se sustenta na percepção, na intuição e no desejo do protagonista e, por isso mesmo, permite que se trabalhe com ele no jogo dessas designações interativas (ver PAPEL COMPLEMENTAR DESEJADO, PAPEL COMPLEMENTAR INTUÍDO E PAPEL COMPLEMENTAR PERCEBIDO).

PAPEL COMPLEMENTAR INTUÍDO

Sempre que um protagonista psicodramático escolhe espontaneamente seu ego-auxiliar entre os companheiros de grupo, quem souber interpretar pode observar a evidente captação télica do outro, que sempre é escolhido como complementar dramático no plano profundo. Essas escolhas, tão especiais, observadas na constelação afetiva do grupo psicodramático, permitem descobrir o delicado encaixe daquilo que está subjacente: a alquimia dos conteúdos míticos e fantasmáticos que sempre sustentam tais escolhas. O papel desempenhado por um ego-auxiliar escolhido sempre encaixa perfeitamente, embora em muitas ocasiões ele não perceba isso. A cena nuclear do protagonista sempre remete às cenas profundas de seus deuteragonistas e antagonistas.

A antropologia vincular investiga esses encaixes com técnicas muito especiais, não apenas no cenário dramático, mas também em laboratório e nos labirintos da vida.

PAPEL COMPLEMENTAR PERCEBIDO

Em psicodrama, são assim denominados os papéis detectados nos companheiros de grupo, para com eles representar os deuteragonismos e os antagonismos de qualquer cena.

Na clivagem do consciente e do inconsciente operam sempre, de maneira conjunta, quatro funções: pensar, perceber, sentir e intuir; as duas primeiras operam predominantemente no nível consciente e as duas últimas (especialmente a intuição) mergulham na profundidade inconsciente.

A função sentir, por exemplo, atua no "dar-se conta" de um afeto ou paixão obscura, tecnicamente denominada **emoção protopática**, permitindo a conscientização desse afeto obscuro, que assim se transforma em um **sentimento**, classicamente denominado **epicrítico**. Pela função **sentir**, podemos nos dar conta de alguma ira, medo, culpa ou angústia inconsciente que, às vezes, só se manifestam através de sintomas. A função sentir conscientiza. Mas, como acabamos de ver nesses exemplos, sentir é inconcebível sem a alquimia do pensar, do intuir e do perceber.

As cenas, com seus interjogos de papéis, são, na realidade, elementos que nos permitem intervir em todas essas funções. Um contrapapel percebido pelo protagonista é um caminho para a observação, que nos permite entrever, quando a investigamos, a interação de todas as outras funções (ver PAPEL COMPLEMENTAR INTUÍDO), e também entrever a fantasmática íntima do mesmo protagonista.

PAPEL DEUTERAGÔNICO

O conceito de deuteragonismo foi emprestado da arte dramática. É o papel que acompanha o protagonista. Assinala a aliança para se atingir um fim comum. É o papel do cooperador, que ajuda o protagonista a superar os obstáculos que surgem no caminho e conduz ao alcance do objetivo dramático. Etimologicamente, significa aquele que secunda a ação. O papel deuteragônico é também chamado papel complementar.

PAPEL EMERGENTE

Denomina-se assim o papel que está surgindo, em um momento e contexto determinados, e que, até então, só fora percebido por sua latência.

Um papel pode emergir evolutivamente no contexto da vida (a concepção, por exemplo, institui-se na maternidade e na paternidade), no contexto social (a primeira entrevista institui um paciente; a primeira operação de um estagiário institui um cirurgião) ou no contexto psicodramático. A arte do psicodrama consiste em oferecer, constantemente, coordenadas de tempo e espaço para favorecer reatualizações e restruturações, para que as potencialidades encontrem seu leito.

PAPEL EXIGIDO

Em um vínculo, sempre que há estímulo em um dos pólos da vincularidade com características de papel promotor, o contrapapel ou papel complementar adquire a tipificação de um papel exigido. Todo bebê que chora de fome, de sede ou de necessidade de contato promove e exige o contrapapel doador; mas essa referência ao evolutivo não esgota a possibilidade de outros exemplos. Durante toda a vida humana, quando o papel psicossomático surge de forma autêntica, promove inevitavelmente no outro a complementação. Durante toda a vida — e não somente quando criança — o homem tem necessidade de contato autêntico e saudável. Sem dúvida, há também atuações dramáticas de papéis exigidos que surgem em situações inautênticas. O papel promotor histérico, descrito pelos clássicos, é um exemplo disso. O importante é perceber que, no fundo de qualquer dessas promoções patológicas, sempre há uma criança ferida. Nesses casos patológicos, sempre que alguém se pergunta sobre a adequação ou inadequação de se assumir o papel exigido, deve saber que sempre esbarra num limite, tanto no caso de acatar a exigência como se a negar (às vezes é importante ceder, outras vezes é preciso limitá-la tecnicamente, para favorecer o crescimento do paciente na vincularidade).

Do ponto de vista da tática terapêutica, quando a pessoa assume o papel exigido, é importante saber que, além de gratificar ou frustrar, a única possibilidade de libertar-se é perceber, e isso implica, não apenas olhar o vincular situacional e o outro, mas, também e fundamentalmente, olhar psicodramaticamente a própria interioridade (as próprias cenas profundas do terapeuta, que podem estar ressoando na cena situacional).

PAPEL FAMILIAR

Do ponto de vista evolutivo, são as condutas que surgem na criança no **limiar dissonante** e depois continuam em sua etapa ideológica do estado infantil secundário da segunda fase vincular da matriz familiar. Elas surgem e se afirmam como atos de confronto axiológico, como choques vinculares de **critérios** e **valores**, que permitem à criança começar a consolidar uma nova identidade infantil. São esses papéis que permitem a superação do interjogo dos **personagens míticos** e o início da percepção desses personagens como pessoas. Aqui a família começa a ser a arena interativa do que será, depois, a sociedade. Ao serem desempenhados esses papéis, critérios absolutos da primeira infância começam a se relativizar.

Do ponto de vista terapêutico, a reatualização dos papéis familiares possibilita, no trabalho psicodramático com os egos-auxiliares e com técnicas adequadas, operar profundamente no nível transferencial, para modificar as percepções e permitir uma interação télica mais adequada.

PAPEL DE FANTASIA

Termo cunhado por Sérgio Perazzo para designar um papel que tem origem no plano da fantasia, sem estar necessariamente ligado à transferência (como um papel imaginário conservado), mas não, obrigatoriamente, desempenhado no cenário psicodramático (*locus* dos papéis psicodramáticos). Essa categoria de papel permite um jogo de fantasia mais fluido e espontâneo, como ocorre, por exemplo, tanto nos jogos infantis quanto no teatro espontâneo ou nos jogos psicodramáticos, porque seu foco específico não é, explicitamente, a transferência.

PAPEL FUNDANTE

Na interpretação evolutiva da teoria dos papéis, são os atos que aparecem no **limiar fundante**, no interjogo com as figuras parentais e seus contatos. Eles permitem que a criança passe da matriz de identidade total indiferenciada à fase da matriz de identidade total diferenciada e, por isso mesmo, denominam-se fundantes, constituintes.

Aparecem, na evolução de identidade da criança, como atos primigênios de percepção integradora. O espelho é um exemplo.

Permitem a saída do vivencial sincrético (da primeira fase do universo da matriz de identidade), instituem um novo modo de ser e se vincular, e constituem o princípio pontual da consciência do tempo (como agora, antes e depois) e de espaço (dentro e fora, perto e longe) e ainda possibilitam a percepção das funções parentais em seu aparecimento como figuras fisiognômicas. Começam a estruturação de um pré-eu e de um pré-não-eu, e iniciam a capacidade infantil mimética, copiando a figura parental situada fora.

Do ponto de vista terapêutico, a reatualização dos papéis fundantes possibilita, no trabalho psicodramático com os ego-auxiliares e mediante técnicas adequadas, modificações perceptivas no nível transferencial projetivo (projeções de objetos parciais).

PAPEL GERADOR DE IDENTIDADE

No repertório de papéis de um adulto há sempre um que domina a identidade como indicador positivo: é o papel gerador de identidade, termo criado por Dalmiro Bustos. Funciona como uma cédula de identidade. Quando perguntamos a uma pessoa "Quem é você?", em geral ela nos responde nomeando um papel: solteiro, casado, médico, advogado, ator. Os papéis profissionais costumam ser os dominantes em nossa sociedade, que mitifica desmedidamente esse aspecto. Mas nem sempre o papel com o qual uma pessoa se apresenta socialmente coincide com o papel gerador de identidade. Um adulto não confessaria facilmente que o papel gerador de identidade continua sendo o papel de filho, por exemplo. Esse papel configura uma dinâmica de comportamento que vai colorir o desempenho de todos os papéis como um matiz mais ou menos identificável. Há tons infantis que denunciam qual é o papel dominante que impregna os outros e, muitas vezes, pode gerar comportamentos inadequados. Se esse papel se transforma em dominante, o estereótipo da conduta denunciará essa situação.

O papel gerador de identidade não é um aspecto patológico. Todos temos um papel dominante, que nos ajuda a cimentar nossa identidade, construindo nossa autoconfiança, especialmente se esse papel é passível de mudanças em diferentes momentos da vida, conseqüentemente, um eixo predominante passa a funcionar como defensivo em situações de conflito, embora tenha também uma função ordenadora.

PAPEL HETERÔNOMO

Levando em conta o movimento vincular dominante em que se sustenta (ver VÍNCULOS), assim se denomina toda conduta que busca no outro um complementar ou oponente. Os papéis heterônomos podem ser solidários (ver PAPEL SOLIDÁRIO) ou promotores (ver PAPEL PROMOTOR).

PAPEL IMAGINÁRIO

Termo criado por Alfredo Naffah Neto para designar papéis desempenhados no plano da pura fantasia, da imaginação, livres de qualquer interpolação de resistência por parte da realidade. Estão incluídos nesses casos os papéis e contrapapéis desempenhados no sonho, no devaneio, na fantasia ativa. O papel imaginário diferencia-se do papel psicodramático na medida em que o último recebe determinações de situações reais e somente a partir desses parâmetros cataliza o fluxo imaginário, para transformar e enriquecer a ação. Na nomenclatura moreniana, a denominação papel psicodramático aparece designando ambos os tipos de papéis, o que gera confusão conceitual (ver PAPEL PSICODRAMÁTICO).

PAPEL IMPOSSIBILITADO

Essa é a denominação técnica dada a uma conduta que, ao ser explorada, por sua ausência, no protagonista — com a intenção dramática de tentar seu desenvolvimento — nos confronta com uma evidente impotência do mesmo, difícil de ignorar no "aqui e agora".

Essa ausência, quando fica evidente no cenário dramático, em geral também manifesta com bastante clareza seu profundo enraizamento, condicionado pela culpa ou pelo pânico. Muitas vezes, essa manifestação patética leva a aceitar tal impossibilidade, encontrar um sentido para ela, assumir a frustração e considerá-la de uma dimensão mais elevada (ver TRILOGIA DA CULPA).

PAPEL LATENTE

(Ver PAPEL POTENCIAL.)

PAPEL MALOGRADO

Assim se denomina a "unidade de conduta social" que, após surgir de sua potencialidade latente e já tendo começado a atualizar a defasagem em sua esfera de liberdade, espontaneidade, criatividade e responsabilidade, se frustra, deteriora ou perverte.

PAPEL ORIGINÁRIO

Do ponto de vista evolutivo, são denominados papéis originários os atos interativos que a criança começa a representar no limiar diádico e continua sustentando durante a vincularidade, na fase mítica da matriz familiar. São esses papéis que permitem à criança ir consolidando a brecha entre fantasia e realidade. São condutas que vão se estruturando no fascinante jogo do terceiro excluído e do terceiro incluído, que, além do mais, permitem que a criança vá se constituindo por sua capacidade mimética fundante e mitopoiética (que surgem precisamente durante essas interações) pela emulação com seus egos-auxiliares naturais, que nessa fase começam a ser percebidos como personagens míticos familiares.

Do ponto de vista terapêutico, as reatualizações dos papéis originários possibilitam, no trabalho psicodramático com os egos-auxiliares e com técnicas adequadas, uma sustentação básica na confiança ontológica e no amor essencial da vincularidade originária. Isso possibilita sensação de enraizamento nessas relações básicas para poder, então, resgatar-se nas diferenças e nas controvérsias auto-afirmativas, para reestruturar as transferências a partir do enraizamento no amor essencial do meio familiar (ver PAPEL FUNDANTE).

PAPEL POTENCIAL

Também chamado papel latente. Denominam-se assim os papéis que, embora não emerjam diretamente no plano de atualização manifesta em uma determinada conduta social, podem ser entrevistos na profundidade latente de certas interações vinculares. Exemplo típico é o papel materno que as meninas costumam praticar nas brincadeiras. Esse mesmo papel potencial começa a emergir (ver PAPEL EMERGENTE) na representação que a menina desenvolve claramente com suas bonecas.

PAPEL PROMOTOR

Nome dado ao papel heterônomo que condiciona ou exige peremptoriamente uma resposta do outro. Em qualquer plano de vincularidade, esses papéis podem ser adequados. O choro de uma criança promove — autenticamente — em toda mulher (não apenas na mãe) a tensão de sedá-lo; essa exigência infantil aquecerá em toda mulher o ato complementar à negação ou à repressão, mas sempre aquecerá algo. Não há como "desenganchar" dessa proposta, carregada de fome de atos (ver FOME DE ATOS). Todo ser que sofre necessita de (e às vezes clama) cuidado, e isso mobiliza, nos demais, a necessidade complementar de socorrê-lo e sedá-lo.

Entretanto, quando esses papéis se exacerbam patologicamente, na vida, aparecerão então sob forma promotora (inautêntica) própria à conduta doentia (neurótica, psicopática ou psicótica). Nesses casos, a força promotora será também tão exigente que, para desenganchar dela, a única saída será "dar-se conta", porque tanto caindo em seu manejo de maneira complementar, satisfazendo-o, quanto entrando no antagonismo de não querer sedá-lo, fica-se sempre envolvido situacionalmente em suas exigências.

PAPEL PROMOVIDO

Em um vínculo, sempre que surge o estímulo em um dos pólos da vincularidade, com característica de uma proposta — que pode ser solidariamente aceita ou não —, o papel complementar em jogo tem a liberdade e a distenção de um papel promovido, pois não há na interação nenhum aquecimento peremptório (ver PAPEL EXIGIDO).

PAPEL PROTAGÔNICO

O conceito de protagonista foi emprestado da tragédia grega. De suas duas acepções — aquele que agoniza *in illo tempore* e aquele que atua originariamente — mantém-se vigente a segunda, por sua funcionalidade específica na teoria dos papéis (ver PAPEL) e por sua utilidade instrumental nos processos metodológicos que nela se baseiam.

Em psicodrama, a primeira acepção continua sendo útil para aludir ao "menino ferido" que sofre de modo latente e que pode aflorar nas cenas nucleares conflitantes (ver CENA NUCLEAR CONFLITANTE) que se desdobram no cenário.

No **modelo evolutivo** da teoria dos papéis, são atos protagônicos aqueles que a criança executa, exerce e desempenha sempre que está emergindo para essas novas condutas, em seu processo de identidade e desenvolvimento integrador posterior em vincularidade.

PAPEL PSICODRAMÁTICO

Assim se denominam os papéis (contrapapéis e papéis complementares) que surgem no cenário psicodramático e se enriquecem (implícita e explicitamente) mediante a fantasmática que nesse contexto se desenvolve. Explorar psicodramaticamente qualquer papel é, em princípio, permitir que nele aflorem todos os outros papéis que o integram e sustentam (ver PAPEL SOCIAL).

PAPEL PSICOSSOMÁTICO

Também chamado **papel primigênio**. Na interpretação evolutiva da teoria dos papéis, são assim denominadas as condutas relacionadas às funções fisiológicas (papel de contactador, papel de respirador, papel de ingeridor, papel de fonador). Quando interpretados dessa perspectiva evolutiva, esses papéis surgem da vincularidade da **matriz de identidade** e relacionam o indivíduo com o meio. Sua principal finalidade é a diferenciação do indivíduo, pois com eles começa a tarefa de discernimento da relação fusional com o meio. Além disso, os papéis psicossomáticos são condutas básicas que vão sustentar os outros papéis que surgem mais tarde, no processo evolutivo ontogenético de cada indivíduo. Por exemplo: sobre o papel de contactador vão se estruturar os papéis sociais; sobre o papel de respirador irá se articular o papel de fonador, o de agente do sorriso, e mais adiante o papel de falador e de cantador. Isso quer dizer que é na matriz de identidade que as condutas humanas começam a se instituir como **atos fundantes**, e depois completam seu desenvolvimento nas matrizes subseqüentes. Vê-se, portanto, que a perspectiva evolutiva não esgota o tema, porque, se mudarmos o ponto de observação para as interações humanas no mundo social, sempre descreveremos os papéis psicossomáticos como pivô da conduta. Poderemos encontrá-los como suporte de qualquer comportamento que nos seja dado observar e, precisamente nessa profundidade arraigada (própria do somático) podem expor seu drama, sempre palpitante, manifestando suas chaves e seus sintomas.

Por isso, na técnica da **concreção** de um sintoma no cenário do psicodrama, muitas vezes podemos chegar à profundidade de uma cena de parto; por exemplo, na cena em que predomine a dramaturgia do papel de respirador e do papel de contactador (com seus complementares), e na exploração do iniciador, tínhamos partido, aparentemente, de uma primeira cena manifesta de tipo social, cujo episódio parecia ser, por exemplo, um problema de tartamudez diante da autoridade de um chefe ou pai.

PAPEL RESISTIDO

Assim se denomina, no treinamento de papéis (ver JOGOS DE PAPEL), qualquer conduta que, ao se tentar estruturá-la, assumi-la ou representá-la, descobre-se que está metodologicamente, francamente, dificultada pelo medo ou, mais ainda, inteiramente cerceada pelo pânico. Tais diagnósticos demonstram enraizamentos profundos, que excedem as possibilidades do procedimento em questão (jogos de papel), pois o contrato específico de qualquer treinamento é trabalhar para superar o medo do desconhecido (ver PAPEL TEMIDO) e se sustentar nos novos papéis.

O diagnóstico de um papel resistido deve ser respeitado para encerrar a investigação com o procedimento dos jogos de papel. Caso se queira tentar trabalhar com tais ancoramentos, deve-se recorrer a outros contratos e a outros procedimentos, como, por exemplo, o sociodrama e o psicodrama.

PAPEL RUDIMENTARMENTE DESENVOLVIDO

São aqueles papéis que, ao emergirem de sua potencialidade, manifestam-se na atualização sem total adequação, apenas como esboços ou meras tendências, necessárias à situação na qual devem ser representados. São papéis que começam a ser claramente assumidos, mas ainda não mostram, em sua livre representação, a plenitude das características de sua espontaneidade potencial. Para desenvolvê-los harmoniosamente, será preciso maior treinamento. Isso poderá lhes dar vida ou criar um espaço metodológico como o proposto no treinamento de papéis (ver JOGOS DE PAPEL).

PAPEL SOCIAL

São os papéis que todos representamos cotidianamente no contexto social. Cada um deles deixa entrever, por trás de sua manifestação, a trama complexa dos papéis básicos em que se sustenta (papéis familiares, originários, fundantes e psicodramáticos).

Por trás de cada papel de pai ou seus derivados (professor, terapeuta, médico, consultor, padre), representados na vincularidade social, encontramos o pai e o filho da vincularidade familiar e os da vincularidade originária; e mais ainda, em sua profundidade corporal, podemos vislumbrar o papel de contactador (continente e conteúdo), assim como o papel de nutridor e de ingeridor da matriz de identidade, que sempre se manifestam nas profundezas. Basta saber que estão ali para, se for o caso, poder explorá-los.

PAPEL SOCIODRAMÁTICO

São os papéis (contrapapéis e complementares) que aparecem no cenário dramático quando se explora esse contexto no plano da vincularidade social.

PAPEL SOLIDÁRIO

Denomina-se assim o papel heterônomo (ver PAPEL HETERÔNOMO) que surge como simples proposta ao papel complementar ou oponente, e deixa ao outro a liberdade de responder ao estímulo ou recusar o convite. Evidentemente, para que esses papéis possam ser desempenhados com tal liberdade na matriz social (ver PAPEL PROMOTOR), é necessária uma adequação evoluída do papel e seu crescimento solidário.

PAPEL TEMIDO

Em sua dialética integradora de unidade de opostos, a antropologia vincular concebe o temor como complemento do **encantamento,** sendo essa dialética a motivação profunda (ver FOME DE ATOS, FOME DE TRANSFORMAÇÃO) de qualquer movimento vincular livre e criador. Por um exemplo, na prática do esqui, não haveria motivação para as pessoas se lançarem de um pico elevado se não fossem estimuladas pela dialética do temor e do encantamento. Pois bem, quando se é tocado no fundo pela **culpa** e pelo **temor,** o encantamento transforma-se em **medo** e **fascinação,** e isso é patológico.

Todo papel que, ao emergir, não estiver aquecido pelo medo e pela fascinação, e, portanto, não estiver patologicamente cerceado, vai se manifestar naturalmente na dialética do temor e do encantamento. Essa dialética é em geral transparente, no pólo do temor, com a vivência que tem seu aquecimento no medo (medo do novo). No procedimento dramático dos jogos de papel, define-se papel temido como aquele que deve ser detectado para treinamento metodológico.

PAR ISOLADO

Em sociodrama, denomina-se assim a estrutura formada pela união, pelo mesmo sinal, entre dois membros do grupo. Tratase, em princípio, da configuração social mínima, e a situação difere se o sinal for positivo, negativo ou neutro. Se positivo, cria-se um código especial entre o par e o grupo, e, se negativo ou neutro, o par fica realmente isolado do restante do grupo.

PAR SOCIOMÉTRICO

(Ver DÍADE.)

PATOLOGIA DO AQUECIMENTO

A teoria dos papéis define o aquecimento (ver AQUECIMENTO) como o processo em que se põe em funcionamento um determinado papel, superando a inércia de qualquer começo. Toda conduta, seja ela desempenhada pela primeira ou pela enésima vez, deve ser aquecida, assim como um atleta deve se aquecer antes de partir para a atividade propriamente dita. Acontece que, em determinados momentos, ao aquecer um papel, coloca-se em funcionamento um rastro prefixado, que reatualiza pânicos, culpas ou medos, de alguma cena traumática impressa na memória corporal ou no sistema nervoso central. Surge, assim, um estereótipo fixado em algum momento (assim como um automóvel, ao passar por um sulco profundo, não pode evitar que a roda entre nele e siga o percurso já traçado, perdendo sua liberdade de movimento). É claro que essas impressões, que se reatualizam em determinadas situações e acarretam sintomas ou atuações repetitivas durante nossas vidas, estão relacionadas às nossas fixações, nossos modos de nos vincular e a modos de ser estruturados e irresolutos. Modos de ser ou de nos vincular característicos do passado imediato, mediato, remoto ou ancestral. Essas fixações também se relacionam com determinadas transferências. Sem dúvida, cada uma dessas impressões, reatualizada ou aquecida patologicamente, é também uma proposta para compreensão. Desencadeia em nós um sintoma físico ou psíquico, ou uma atuação que pode nos fazer progredir por um labirinto, mas, concomitantemente, é um convite para "dar-se conta". "Viver trabalhando os medos, as culpas e os erros, para transformá-los, graças à nossa compreensão, em encantamentos espontâneos, aprendizado e responsabilidade criadora, este é o verdadeiro ofício de ser humano."

PERSONAGENS IMAGINÁRIOS

Denominação proposta por Carlos Martinez Bouquet em sua teoria da cena (ver TEORIA DA CENA).

Nessa perspectiva, na cena manifesta (dramatização), pode aparecer um número altamente variável de **personagens manifestos** — do zero (o cenário vazio pode constituir uma cena) a um número indeterminadamente elevado (multidões, personagens tácitos multitudinários, almofadas representando substantivos coletivos etc.).

Em contrapartida, na cena **latente** ou cena **imaginária** (ver CENA), o número de personagens que as povoam é muito reduzido e constante, cerca de seis, conforme o autor, e são chamados de **personagens imaginários** (ver METABOLISMO DOS SIGNIFICADOS). As pontes de ida e volta entre esses personagens imaginários são constituídas por impulsos, afetos, desejos, percepções e sensações subjacentes à cena **manifesta** e que se expressam através dela como derivativos convenientemente elaborados para superar a barreira repressiva individual e grupal. Tensão dramática é a energia presente na dramatização, decorrente desses impulsos, afetos etc.

Como cada integrante do grupo, num determinado psicodrama (ou cada integrante de uma situação humana qualquer), se coloca no lugar de um personagem imaginário, se coloca também nas linhas de força da tensão dramática que passam por esse personagem a cada instante, e assim o integrante percebe afetos, impulsos etc., do personagem imaginário que encarna (ver PROCESSO DA CENA).

PERSONAGENS PARENTAIS

Denominam-se personagens parentais o conjunto de papéis complementares de cada **ego-auxiliar natural** estruturados gestalticamente pela criança em seu **átomo perceptivo**. Para que essa estruturação se configure perceptivamente em personagens familiares diferentes, a criança deve ter avançado evolutivamente o bastante para poder ter uma perspectiva suficiente. No limiar fundante, a criança efetuou os atos de percepção do rosto materno especular. Assim, para depois constituir sua primeira figura parental (ver FIGURA PARENTAL), este foi o momento especular. Para vir a constituir seu ego-auxiliar materno como personagem parental, a criança terá progredido o suficiente para poder primeiro engatinhar, depois andar e se afastar o suficiente da mãe, e para observá-la à distância em toda a sua corporalidade, de sua própria perspectiva. Isso depois se completa no limiar triádico, onde se dá a consolidação da brecha entre fantasia e realidade, que marca a entrada no universo da matriz familiar.

PLANOS

É um elemento (ver ELEMENTOS DO PSICODRAMA) dos procedimentos dramáticos. Eles são três: o plano do **imaginário**, o do **simbólico** e o do **real**. Cada escola de psicodrama desenvolveu diferentes visões e reflexões em relação a esses temas, de acordo com seu referencial epistemológico. Nesse campo, é preciso continuar trabalhando sem dogmatismos para chegar a uma articulação fértil da contribuição e da riqueza de cada escola, e conseguir, algum dia, em psicodrama, uma epistemologia convergente.

PLATÉIA

É um dos cinco instrumentos do psicodrama, também chamada, por alguns autores, de auditório, público ou caixa de ressonância. Essas denominações específicas manifestam os diferentes matizes funcionais desse instrumento psicodramático.

Ela se forma no instante em que começa a fase específica da etapa de aquecimento (ver AQUECIMENTO). Para que, durante uma sessão, um grupo terapêutico realize um psicodrama, devem surgir em seus integrantes duas atitudes fundamentais: de participação e compromisso na ação dramática; de participação e compromisso sem necessidade de ação pessoal. Essas atitudes conduzirão as pessoas, nas quais o aquecimento grupal se cristalizar em ação, ao papel de protagonista ou protagonistas, enquanto os outros vão constituir a platéia. É a platéia que consagra o protagonista, quer por aceitação tácita, quer redistribuindo com ele a problemática escolhida.

Um dos aspectos essenciais da platéia é ressoar, de forma comprometida, aquilo que está acontecendo no cenário. Esse compromisso atinge o ser em todas suas áreas e mobiliza intuições, percepções, pensamentos e afetos. A denominação **caixa de ressonância** prioriza essa possibilidade de ressonância do que foi dramatizado no cenário como se tratasse de algo próprio, na medida em que o protagonista deve representar o emergente grupal de cada um dos integrantes do grupo.

De acordo com a teoria dos papéis, cada um dos papéis desempenhados no cenário pertence àquele que o desempenha, mas é também um papel de que participam todos que integram o grupo, mesmo como platéia. Segundo Moreno, a platéia tem um objetivo duplo: ajudar o protagonista e transforma-se ela mesma em protagonista.

Ao ajudar o protagonista ela se transforma em caixa de ressonância representante do mundo da sociedade em que o protagonista vive e tem vivido. Sua participação, observações e reações são tão improvisadas quanto as do protagonista. "Quanto mais isolado estiver o protagonista, mais ele necessita da platéia, que lhe concede seu reconhecimento e compreensão."

Se, pelo contrário, a platéia se converter em protagonista, será representada em cena em uma de suas síndromes coletivas.

Terminada a dramatização, na etapa do compartilhamento e dos comentários, a platéia passa a desempenhar o papel principal, em seu compromisso ativo com aquilo que foi dramatizado, expresso verbalmente, e permite que o protagonista se reintegre ao grupo, do qual havia se diferenciado para dramatizar.

POSIÇÃO

A partir de Husserl, Heidegger e outros autores fenomenologistas e do pensamento existencialista, nessas correntes filosóficas denomina-se posição o ambiente vital do homem, no qual ele está incluído, e que atua sobre ele, tanto para fazê-lo prosperar quanto para cerceá-lo. É importante destacar que essa definição ajusta-se perfeitamente ao conceito moreniano de **matriz**. Tanto pode ser entendida como posição aquela que exerce pressão para que o homem nela introduza alguma mudança quanto aquela que é simplesmente uma posição, mas tranqüila, e por conseguinte alimenta uma atitude de não querer modificá-la.

No primeiro caso, a posição tem características singulares que a distinguem da segunda e é diferenciada recebendo a denominação de **situação** (ver SITUAÇÃO).

Em psicodrama, só se utiliza o termo posição, em sentido estrito, para referir as cenas que não causem no protagonista uma pressão que o impulsione a nelas introduzir mudanças, favorecendo uma atitude tranqüila.

Em contrapartida, na situação dramática sempre existe pelo menos uma unidade de opostos que coloca o protagonista em um conflito dramático, que o confronta de uma forma peculiar com sua crise, ou, dito de outra forma, faz o protagonista avançar para uma decisão (ou escolha) que lhe permita chegar à ação que fará introduzir a mudança; o ato criador e espontâneo que vai fundá-lo em um novo modo de ser.

Operacionalmente, cabe diferenciar com clareza a **posição** dramática como matriz de **estado**, da **situação** dramática como matriz de **atos**. A posição dramática pode ser uma chave que nos indica que o protagonista está evitando algo taxativamente, ou um meio pertinente e necessário que deve ser mantido para dar ao protagonista o tempo de aquecimento necessário para encarar um novo papel, descoberto após um processo catártico. Aqui, a posição dramática pode funcionar como uma matriz de **garantia** que dá a segurança básica para que uma conduta se estruture confiantemente como um "novo modo de ser perdurável".

A volta ao contrato (ver CONTRATO DRAMÁTICO), após uma catarse de integração (ver CATARSE DE INTEGRAÇÃO), tem necessariamente que culminar em uma posição dramática.

PRAGMATISMO

Em filosofia, pragmatismo é a doutrina segundo a qual nosso conhecimento das coisas só consiste em seus efeitos ou na utilização que delas podemos fazer. Para o pragmatismo, a inteligência está a serviço da experiência; os pensamentos são apenas ferramentas de que se vale a inteligência para resolver com eficácia os problemas da vida e, como todos os instrumentos, muda e se aperfeiçoa com o uso. Os pensamentos, como produtos da psique, cumprem uma função semelhante à das outras ferramentas produzidas pelo organismo (unhas, pinças etc.).

O pragmatismo sustenta que a verdade é, segundo a fórmula tradicional, a concordância entre o pensamento e seu objeto, mas entende essa concordância como a ação do pensamento sobre a realidade.

Para o pragmatismo, qualquer afirmação que não conduza às coisas carece de sentido; conhecer é enriquecer nossas relações com o mundo. Uma verdade que não enriquecer essas relações não será uma verdade. A eficácia não deve ser entendida no sentido exclusivamente prático, mas também no sentido teórico ou especulativo. O pragmatismo tem aplicado essa concepção a todas as esferas da vida humana.

William James foi um dos primeiros e principais representantes do pragmatismo. Foi ele quem propôs a palavra pragmatismo; sua concepção está longe de ser prática no sentido corrente da palavra; pelo contrário, é uma concepção profundamente espiritualista.

Bergson também atribui à inteligência uma função exclusivamente prática, que se inclina para a solução de problemas, considerando-a uma função paralela ao instinto, que também se inclina, mas de modo cego, à solução de problemas. Segundo Bergson, a diferença entre essas duas funções está em que, no primeiro caso, os problemas são considerados por cada indivíduo da espécie em particular, enquanto no segundo caso é a toda espécie que considera sua solução de modo uniforme para todos os seus indivíduos. Essas premissas não impediram Bergson de defender também uma filosofia espiritualista. Nela, o conhecimento da verdade íntima das coisas é atribuída à intuição.

A origem do pragmatismo deve ser buscada no filósofo norte-americano C. S. Peirce (1878). Foi ele o primeiro a assinalar a ociosidade da formulação tradicional das questões filosóficas, que prescindia do fato. O juízo fundamental de Peirce é: "Conhecimentos são normas de ação". O pragmatismo se

entrelaça com o pensamento inglês. Na Inglaterra, F. C. S. Schiler desenvolvera um pensamento que denominou **humanismo**, que é, na realidade, um pragmatismo, e teve influência decisiva na formação do empirismo lógico dedicado principalmente à elucidação dos problemas epistemológicos.
Também no pensamento religioso há uma corrente pragmática, iniciada por Maurice Blondel. Nela se sustenta que a ação se traduz constantemente em um conjunto de relações diferentes das demais e merece constituir uma nova disciplina científica. Segundo Blondel, é na ação que se percebe a solidariedade da vida e da consciência, dos sentimentos e das idéias.
O pragmatismo religioso nega que o conhecimento da realidade divina possa ser alcançado com o pensamento simples e sustenta que ele exige nosso esforço moral e deve ter, como ponto de partida, o conhecimento de nosso próprio ser. Essas idéias influenciaram notoriamente os movimentos religiosos do início do século, que possivelmente influíram na formação espiritual de Moreno.

PREMISSA

É assim que se denomina, em arte dramática, a proposta cênica preestabelecida explicitamente, ou, na falta disso, meramente suposta como orientação, para chegar a uma conclusão dramática.

PREPARAÇÃO DRAMÁTICA

É uma subetapa do aquecimento específico (ver AQUECIMENTO). Nas sessões de psicodrama, sociodrama ou jogos de papel, possibilita passar à etapa da dramatização propriamente dita. No seu decorrer, é importantíssimo estar atento às **chaves dramáticas** que o protagonista vai proporcionando no momento. Na preparação dramática realiza-se o posicionamento espacial e temporal, é imaginariamente construída a "cenografia" da cena que será dramatizada, são inseridos os personagens que nela atuarão e escolhidos seus auxiliares, efetuam-se as inversões diagnósticas de papéis (ver INVERSÃO DE PAPEL) e investigam-se alguns papéis com a técnica de reportagem (ver REPORTAGEM).

PROCESSO DA CENA

Conceito introduzido por Carlos Martinez Bouquet. É um desenvolvimento ao mesmo tempo teórico e instrumental das etapas em que pode ser dividido um processo dramático qualquer. Tem cinco etapas:

1) **Pensamento em cena**: consiste em se colocar na "posição imaginária" (ver METABOLISMO DOS SIGNIFICADOS), espécie de equivalente psicodramático da "atenção flutuante" da psicanálise, deixando que fluam pela mente as imagens cênicas provocadas pelo discurso grupal. Ou seja, favorece-se a transformação do que se escuta em imagens sucessivas que, incessantemente, acorrem à mente, como os fotogramas sucessivos de um filme imaginário. Sendo assim, o pensamento em imagens adquire autonomia e permite a comunicação mais fluida entre os respectivos imaginários individuais; dito de outra forma, de inconscientes para inconsciente. Prepara a dramatização.

2) **Cena a dramatizar**: no fluxo ininterrupto de imagens que o pensamento em cena determina, produz-se um corte num dado momento, momento este que o encarregado de escolher a cena a ser dramatizada (por exemplo, embora não exclusivamente, o coordenador do grupo) escolhe, tanto mais inconsciente quanto mais imerso estiver na posição de "atenção flutuante". Esse corte, esse momento de encerramento operacional, permite reter e captar uma das imagens fluentes em que o discurso grupal — ou do paciente individual — ia se transformando, para deter-se e trabalhar com a cena. (É claro que isso não implica, necessariamente, em dramatizar, pois é possível trabalhar desse modo — pensamento em imagens e seleção da cena a ser elaborada — num contexto de psicoterapia exclusivamente verbal.)

3) **Cena manifesta**: a cena escolhida passa a ser dramatizada mediante um corte transversal no contínuo fluir de cenas provocado pelo pensamento em cena. Pode-se também, como já foi citado anteriormente, abordar a cena manifesta como material de elaboração verbal em um contexto não-psicodramático, mas se se escolhe a dramatização, a cena será representada tal como a relatou o integrante que falava (dramatização simples) ou utilizando as diversas variantes técnicas do psicodrama, classicamente descritas: dramatização simbólica, construção de papéis, inversão de papéis, solilóquios etc.

Nessa etapa do processo da cena, o importante é trabalhar a cena manifesta em questão que, como sabemos, oculta o imaginário, mas ao mesmo tempo informa sobre ele, manifesta-o e expressa-o e, por isso, deverá ser aproveitado como "revelador" do latente.

4) **Cena do ponto de vista dos integrantes do grupo**: na cena manifesta, os integrantes do grupo serão "tocados" por afetos, sensações corporais, medos, desejos etc. O mesmo acontecerá na situação diádica das terapias individuais; em ambos os casos, experimenta-se a "energia" do personagem imaginário no qual se posicionasse o integrante em questão. Essa inserção no imaginário é inconscientemente determinada, pode ser diferente para cada integrante do grupo, e é constituída pelo impacto que produz em cada um a tensão dramática subjacente, atuando sobre cada estrutura individual prévia.

Metodologicamente, durante a cena manifesta pede-se a cada um dos presentes que expresse afetos, sensações etc., e que vá armando, como um mosaico, a estrutura subjacente (pelo menos em "alguns" de seus aspectos, já que é impossível abarcar "todo" o imaginário, sequer a totalidade da pequena porção presente no reduzido âmbito do pequeno grupo).

5) **Cena imaginária**: é a etapa final do processo da cena. Pode ser definida como contato e descrição de um "pedaço" de imaginário a que se teve acesso com as quatro etapas anteriores. Essa explicação, necessariamente discursiva, e portanto abstrata e limitada (ver METABOLISMO DOS SIGNIFICADOS), estará, ela mesma, colorida e deformada com a passagem pelo processo secundário, mas conservará, como toda interpretação psicoterapêutica, um poder operacional potencialmente formidável, na medida em que vai "revelando o subjacente", explicitando as motivações ocultas, para desreprimir o reprimido e, enfim, contribuir para tornar consciente o inconsciente.

PROCESSOS DE TRANSFORMAÇÃO

Denominam-se assim os movimentos de integração e as modificações resolutivas postas em jogo e que vão se efetivando paulatinamente, nas operações terapêuticas com cada grupo e nos indivíduos que participam da atividade psicodramática. Essas modificações não só alcançam o plano das interações grupais, mas também despertam reativações da relação profunda que cada indivíduo deve ter consigo mesmo. Os aspectos mais profundos desses processos se manifestam principalmente no plano inconsciente, mas há facetas dos mesmos, não menos complexas, que ocorrem no plano da compreensão. As transformações advindas no plano elaborador profundo manifestam-se nos relatos de fatos aparentemente inexplicáveis, que os pacientes descrevem sem saber o que os motivou, ou que se evidenciam em seu material onírico. São também observadas nas mudanças de conduta que se manifestam na interação grupal ou no vínculo com o terapeuta. Aquelas advindas no plano da compreensão aparecem nos comentários e são reconhecidas pelos pacientes como fenômenos de mudança, seja na percepção, no sentimento, nos pontos de vista ou em modificações de sua valoração.

A experiência clínica tem demonstrado que o trabalho psicodramático pode envolver todas as possibilidades de relação existencial de um indivíduo, pois estas operam especificamente na complexidade intrínseca a todos os vínculos humanos e permitem desentranhar as diversas manifestações dos papéis postos em jogo em cada choque e cada encontro vincular. Trabalhar com a possibilidade humana de se vincular ao outro e reatualizar a profunda possibilidade de cada ser humano se relacionar consigo mesmo é o que permite reativar essencialmente a faculdade humana de transcendência.

Trabalhar no cenário psicodramático as figuras cênicas que reproduzem os mitos solipsistas de cada ser humano (ver CENA NUCLEAR CONFLITANTE) para reestruturá-los e transformá-los em formas de comunicação, participação e integração, é facilitar a colocação em jogo das faculdades de intuir, sentir, perceber e pensar que, ao funcionarem dialeticamente, permitem ir modificando esses mitos de modo positivo. Essas transformações, representadas na mimese, envolvem a liberdade e a espontaneidade dos indivíduos e dos grupos e estimulam ao máximo as possibilidades humanas de criatividade, precisamente aquelas que começam a se pôr em ato na própria tarefa de transformação dos mitos, que já é em si uma verdadeira operação de produção e criatividade mitopoiética.

PROCESSOS ELABORADORES DRAMÁTICOS

Com os procedimentos dramáticos podem ser explorados vivencialmente os modos de ser do homem, suas condutas e seus modos de se vincular aos seus complementares. A representação dramática, por ser em si mesma uma atividade temporal e espacial, permite enfocar admiravelmente os esclarecimentos da íntima inserção tempo-espaço, característica essencial da existência humana (existenciários), profundamente envolvida em modos de ser irresolutos e doentios do homem, e em seus modos estereotipados de se vincular.

O método que Moreno nos forneceu, precisamente por permitir explorar a dimensão tempo-espaço humana e, sobretudo, por permitir trabalhar com ela, é extremamente útil como caminho psicoterapêutico.

A ação dramática timbra essencialmente por intervir nos estados de ânimo do homem, permitindo intervir em suas paixões, sentimentos e valores. Nisso radica sua eficácia metodológica e sua dimensão instrumental. Também convém acrescentar que, com suas leis do "como se", ela permite trabalhar fundamentalmente com o **imaginário** humano, intervindo em suas fantasias, ilusões, sonhos e mitos mais profundos. O caminho do imaginário pode nos conduzir ao microcosmo individual e nos levar a conhecer os conflitos mais íntimos, suas crises e seus projetos, para que, aí mesmo, nessas profundidades, apelando para a função mitopoiética e para a função mimética humanas, possamos tentar a transformação e produzir reestruturações.

No psicodrama, cada integrante do grupo e o grupo em sua totalidade se posicionam, pelo processo de aquecimento realizado por um protagonista em uma nova matriz, num espaço continente peculiar, em que cada um pode se lançar nessas transformações.

As verdadeiras mudanças só se tornam possíveis pela compreensão do desconhecido, transformando-o em conhecido. Um processo de constante revelação, atualizada pelo dramático. Esses processos dinâmicos são promovidos como conseqüência cumulativa de atos de compreensão dramática. Essa longa série de percepções possibilita saltos transformadores e integradores de novas formas de ser e estar nos vínculos.

A ação dramática enfoca a função mimética do homem. É essa faculdade mimética que sustenta a possibilidade de comunicação corporal e gestual do ser humano. A representação dramática permite intervir profundamente nesse aspecto tão importante da comunicação. As feridas traumáticas geralmente estão gravadas na área corporal e além do alcance da fala. É fundamental possuir um método que intervenha nos códigos de comunicação mais profundos.

Toda busca de um papel, conflitante e fixado, é também busca de seus contrapapéis. A exploração das fixações e das impressões vai desembocar reiteradamente em cenas nucleares conflitantes (ver CENA NUCLEAR CONFLITANTE), que reproduzirão no cenário as cenas traumáticas do passado biográfico e pré-biográfico do protagonista.

Em cada uma das cenas encontra-se o enraizamento dos modos de ser e de se vincular que estão sendo investigados. São essas fixações que comprometem a evolução e a abertura do indivíduo, cercando suas possibilidades de relação no mundo, que exige plasticidade e adequação. São elas que, inabilitando para as exigências do mundo, motivam a crise de irresolução do homem e provocam as doenças e seus sintomas.

Quando o psicodrama se ocupa dos modos de relação do homem consigo mesmo e dos modos de inter-relação com os demais (e das dificuldades dessas relações e inter-relações) ele se propõe como um caminho para o desvelamento desses entraves e permite intervir neles para sua solução. É isso que se tenta ao trabalhar com cenas psicodramáticas.

As descobertas dramáticas são o início do caminho da resolução. Os choques e os encontros com o antagonista e o conhecimento do tu favorecem o caminho para uma melhor compreensão de si mesmo e dos outros. Por isso, no trabalho com as cenas conflitantes, deve-se visar transformar as relações entre o papel e o contrapapel mediante as diversas técnicas psicodramáticas.

A busca constante do processo psicodramático é um mergulho sistemático nas cenas conflitantes, permitindo a compreensão das perturbações e distorções vinculares, favorecendo novos modos de comunicação. A compreensão será totalizante quando abranger as três áreas do ser. Deve conseguir influenciar três momentos co-implicantes: o momento intelectual, o momento axiológico e o momento emocional da compreensão.

Todo homem, assim como foi capaz de se arrojar no mundo no ato do nascimento, sempre terá a potencialidade de voltar a se fundar num novo ato de criatividade resolutiva. É esta possibilidade que deve ser oferecida ao protagonista e ao grupo no trabalho dramático.

Essa tarefa de reestruturação criadora torna-se possível partindo-se do conceito de que, em cada indivíduo, estão em jogo não somente as características ou os papéis irresolutos e fixados em determinados modos do passado, mas também a totalidade do seu ser. São essas outras facetas que possibilitam intervir no que estava fixado, oferecendo uma nova matriz para que possam ser corrigidos os aspectos fixados e restabelecido o processo resolutivo adequado, resolvendo os aspectos truncados da identidade e se entregar à mudança, que implica em novos objetivos e novos projetos. Isso significa trabalhar em duas vertentes operacionais. A vertente motivacional, que concerne o traumático, e a vertente que explora os objetivos geralmente mascarados pela repressão e pela negação.

A concepção moreniana tanto inclui uma psicologia que leva em consideração o traumático quanto uma psicologia dos objetivos, propondo sempre intervir no projeto humano e capitalizar a força do impulso básico da transformação humana. É esse impulso básico subjacente que faz com que o ser humano se incline a forjar para si uma cosmovisão e uma ordem ética. O axiológico ocupa um lugar fundamental no sistema moreniano. O nascimento humano é concebido, pelo fundador do psicodrama, como um verdadeiro ato de liberdade, espontaneidade, responsabilidade e criatividade.

Como, para Moreno, o ato do nascimento é o modelo e o fundamento de toda mudança humana, qualquer renascimento terapêutico será, essencialmente, um ato de liberdade, de espontaneidade e de criatividade responsável. Esses três conceitos necessariamente envolvem valores. Toda mudança terapêutica é, para Moreno, um salto axiológico. Todo advento a um novo modo de ser nos vínculos, efetuado pelo homem mediante um ato de criatividade, se funda e se sustenta em um novo valor produzido. Além disso, o ato da criatividade é, em si mesmo, o ato de produção desse novo valor, no qual se sustentará a nova conduta.

O conceito moreniano de **integração catártica**, tanto na vertente pessoal como na grupal, traduz um ato de renascimento que funda cada pessoa de forma nova no modo de se vincular com o mundo. A partir de tais transformações e devido à mudança que se origina no átomo vincular graças a esses novos reencontros e seus conseqüentes enriquecimentos, o mundo será percebido de forma verdadeiramente nova e positiva.

PROCESSOS ELABORADORES INDIVIDUAIS

O trabalho psicodramático regulado e sistemático mobiliza e promove constantemente, nos integrantes do grupo, processos elaboradores inconscientes que se desenrolam no plano individual de cada um. Pode-se obter claros indícios dessas profundas mobilizações pela observação direta ou pelas descrições dos pacientes no decorrer do processo psicoterapêutico. Esses movimentos elaboradores individuais algumas vezes se evidenciam como modificações de sintomas; outras vezes, como transformações de mitos — que se desvelam no material anímico — e, em sua maior parte, como simples mudanças, inexplicáveis a partir da consciência dos estados de ânimo: estados afetivos, climas, atitudes e condutas. Isso pode acontecer tanto durante a própria sessão quanto entre uma sessão e outra, ou ainda muito mais tarde, no decorrer da psicoterapia; muito depois de se ter conseguido no grupo um determinado fenômeno de catarse de integração (ver CATARSE DE INTEGRAÇÃO).

PRODUÇÃO CO-PROTAGÔNICA

Termo elaborado pela escola de Dalmiro Bustos, referente à atuação de um ego-auxiliar ou outro integrante do grupo, até do diretor, que durante uma dramatização invade a cena com problemáticas próprias, afastando-se da linha de investigação aquecida pelo protagonista. Toda produção co-protagônica deve ser investigada e resolvida para impedir contágios transferenciais.

PROGRAMA DA SESSÃO DE PSICODRAMA

Chamamos de programa o plano implementado no cenário a partir de um contrato dramático com cada protagonista e com o grupo. Seu desenvolvimento consiste na montagem de uma seqüência de dramatizações, que segue as linhas fornecidas pelas chaves dramáticas e desemboca em uma figura dramática que denominamos cena nuclear conflitante (ver CENA NUCLEAR CONFLITANTE), nela se detém e finalmente volta à cena do contrato inicial.

PROJEÇÃO NO FUTURO

Técnica psicodramática em que se pede ao protagonista que imagine conforme deseje o papel que está investigando, projetando-o no futuro (imediato-mediato-remoto) e o explore dramaticamente.

PROJETO DRAMÁTICO

O termo, criado por Moysés Aguiar, corresponde, no contexto social, grupal ou dramático, ao critério do teste sociométrico. É o projeto dramático que preside as atrações e rejeições, estabelece os critérios para a atribuição de papéis aos integrantes de uma dada situação de relacionamento e constitui o catalisador último da unidade grupal. Supõe-se que o desvelamento do projeto de um grupo específico, num dado momento, dá margem ao surgimento de relações mais satisfatórias.

PROPRIEDADE

Segundo Moreno, é a característica de máxima espontaneidade da conduta. É a espontaneidade dirigida para a formação de respostas adequadas a situações novas.

Uma conduta é apropriada quando é adequada, ou seja, quando o sujeito, avaliando a nova circunstância em que se encontra, acha uma solução nova e apropriada a ela. É indispensável que tenha uma atitude plástica de adaptação e um ego móvel e flexível para se desenvolver em um ambiente que se modifica rápida e constantemente.

PROPRIEDADE DRAMÁTICA

No caminho da espontaneidade, é a característica mais elevada à qual a dramatização pode chegar na busca do processo de treinamento para a liberação de um papel.

PROTAGONISTA

É um dos cinco instrumentos (ver INSTRUMENTOS) dos procedimentos dramáticos (psicodrama, sociodrama e jogos de papel). É o ator central da dramatização. O termo protagonista foi tomado do teatro grego e significa, etimologicamente, aquele que se oferece à ação em primeiro lugar, aquele que se oferece para sofrer e morrer a serviço dos outros. As duas acepções são instrumentalmente válidas.

Segundo a teoria dos papéis e sua metodologia, na etapa da dramatização de qualquer procedimento dramático, o protagonista é o líder da dramatização, oferece seu próprio drama íntimo, sua própria investigação dramática em prol da investigação grupal, tendo a seu serviço seus egos-auxiliares (ver EGO-AUXILIAR) e o diretor (ver DIRETOR).

PSICODANÇA

É um procedimento no qual, por intermédio da dança individual e grupal, são expressos e explorados movimentos corporais, ritmos, vivências e experiências, na busca da fluidez, do equilíbrio, da unidade e da harmonia integradora no espaço vincular. Assim instrumentada, a psicodança é uma forma paradigmática do procedimento dos jogos de papel (ver JOGOS DE PAPEL).

No sociodrama e no psicodrama, essas explorações podem também servir de aquecimento para a descoberta de entraves e contenções que levam à percepção de conflitos nodais latentes (ver CONFLITO NODAL LATENTE) e de cenas nucleares conflitantes (ver CENA NUCLEAR CONFLITANTE). Como nesses dois procedimentos, a psicodança é útil para diagnóstico no processo de aquecimento: também é extremamente eficaz, sempre que adequadamente instrumentalizada, nos trabalhos de reestruturação resolutiva.

PSICODRAMA

Enunciado criado em 1925 por Jacob Levy Moreno para a moderna psicoterapia de grupo, da qual foi, indiscutivelmente, o criador no Ocidente. Foi ele também que propôs sustentar o estudo das condutas humanas (papéis) em disciplinas, que foram por ele denominadas sociometria (ver SOCIOMETRIA) e teoria dos papéis (ver PAPEL).

Algumas de suas propostas hoje se generalizaram e são utilizadas no amplo campo das ciências humanas, apesar das diversas modalidades e estilos de trabalho, já que seus continuadores foram desenvolvendo suas próprias práticas e suas próprias reflexões, baseando-as em diversas linhas de pensamento epistemológico.

Devido a esta multiplicidade, hoje denomina-se psicodrama, em sentido amplo, toda aplicação regulada da dramatização, utilizada com certa ordem técnica, embora os objetivos metodológicos perseguidos em cada caso, assim como suas modalidades operacionais sejam diferentes (investigação, aprendizado, treinamento, compreensão com fins terapêuticos etc.).

É comum encontrarmos na bibliografia atualmente disponível a palavra psicodrama adjetivada de diferentes formas, para distinguir as diversas acepções do mesmo fenômeno, que ocorre na dramatização (psicodrama psicanalítico, lacaniano, junguiano, moreniano etc., conforme os casos e escolas). Essas acepções, naturalmente, implicam também em diferenças operacionais muito específicas, conforme determine o esquema referencial com o qual se maneja a aplicação do dramático e as reflexões em torno de suas práticas. Outras vezes, a adjetivação indica o campo de aplicação (educacional, institucional, didático, clínico, grupal, individual, de casal, de família etc.).

Pois bem, em nossa opinião, é muito útil distinguir o psicodrama, no sentido estrito e respeitando as diversas modalidades de trabalho já assinaladas, como procedimento dramático (ver DRAMATIZAÇÃO) aplicado especificamente à compreensão das condutas pessoais em vincularidade, quando se trabalha rastreando ao máximo a complexidade dos papéis do amplo espectro do átomo cultural de um indivíduo em relação (ver ÁTOMO CULTURAL) ou, falando de outra forma, quando esse rastreamento inclui a investigação dramática de qualquer papel que constitui a ampla gama de toda sua riqueza fantasmática.

Nesse sentido mais estrito, distingue-se mais minuciosamente o procedimento do psicodrama dos outros procedimentos, também dramáticos, denominados sociodrama (ver SOCIODRAMA) e jogos de papel (ver JOGOS DE PAPEL). Esta diferenciação é não apenas vital, mas necessária para assegurar maior limpeza metodológica e melhor precisão operacional. O psicodrama é um procedimento dramático **específico** que, apesar de sustentado por conceitos teóricos diferentes, os quais convergem em uma visão antropológica vincular similar, estuda as condutas humanas entendidas como desenvolvimento de papéis (sempre em relação a seus contrapapéis ou papéis complementares). Esse procedimento visa especificamente a investigação das dificuldades ou entraves ao desempenho livre, espontâneo, criativo e responsável de tais papéis.

Partindo de tais entraves ou dificuldades, considerados como sintomas, o procedimento psicodramático efetua uma investigação. Para que essa busca seja possível, é necessário contar com cinco instrumentos indispensáveis, pois são eles que garantem o rigor metodológico. Esses instrumentos, possibilitados pela convenção do grupo participante em cada investigação dramática são: o(s) protagonista(s) (ver PROTAGONISTA), a platéia ou caixa de ressonância (ver PLATÉIA), os egos-auxiliares (ver EGO-AUXILIAR), o cenário (ver CENÁRIO) e o diretor ou coordenador (ver DIRETOR DE PSICODRAMA).

O desenvolvimento de cada investigação acontece, apesar de certas diferenças específicas, de forma similar aos outros procedimentos dramáticos (sociodrama e jogos de papel), de acordo com três etapas de desenvolvimento:

1. **Aquecimento inespecífico**, que se desdobra, do frio inicial da interação grupal ao surgimento do protagonista, em uma subetapa denominada **aquecimento específico**, em que se realiza o **contrato dramático** entre o protagonista e a platéia, a **redistribuição** afetiva com ela, para medir o compromisso afetivo obtido com o grupo (ver TÁTICA DE REDISTRIBUIÇÃO), e a **preparação dramática** que, às vezes, inclui a primeira inversão exploratória de papéis. Passa-se, então, à segunda etapa da dramatização:

2. **Psicodrama propriamente dito**, que começa em geral com a **dramatização da primeira cena**, possibilitando a busca do papel cristalizado (em conflito) de seu **contrapapel**, e a partir desse entrave, considerado como sintoma, ou de qualquer outro sinal ou sintoma surgido nesta interação, seguir seu fio condutor para desembocar na rememoração da cena que originou o conflito (ver CENA NUCLEAR CONFLITANTE); reproduzi-la dramaticamente e intervir nela, e em seus papéis de fantasmáticos, utilizando as diferentes técnicas, conforme cada caso, para promover no protagonista a correção perceptiva da mesma e, uma vez obtida a transformação simbólica, voltar à cena dramática ou ao papel do qual se partiu no início da investigação.

3. Etapa de análise ou comentários, que encerra o procedimento. Essa etapa também pode ser desdobrada em uma primeira subetapa, denominada **momento de compartilhamento,** em que os companheiros de grupo, abandonando seus papéis de ressoadores (instrumento platéia), comunicam ao protagonista, que atuou tanto para si quanto para eles (representando-os), tudo que sentiram vibrar, manifestar ou elaborar neles mesmos, em uníssono com sua dramatização. Completase o procedimento psicodramático com uma segunda subetapa de encerramento, denominada **análise** propriamente dita, que é o momento dos comentários terapêuticos e das interpretações pessoais e grupais pertinentes a cada caso. Como podemos ver, o psicodrama — entendido desse modo operacional (que permite trabalhar com todos os papéis que constituem a fantasmática relacional do indivíduo) — é um procedimento de profundo alcance elaborador, mas, ao mesmo tempo, de profunda repercussão na dignidade e no pudor pessoal. Por isso mesmo, sua prescrição deve ser reservada, mediante contrato estrito, sob o amparo da privacidade terapêutica, garantida pela intimidade profissional e pelo segredo grupal.

O sociodrama trabalha contratualmente apenas com papéis sociais, sem remexer na fantasmática íntima; é o procedimento ideal para trabalhar clinicamente com **vínculos reais habituais** (sociodrama de casal, sociodrama de família) e com diagnóstico e prevenção institucional (sociodrama institucional) (ver SOCIODRAMA). Propomos seja denominado psicodrama (procedimento) só o que ocorre na intimidade clínica (psicodrama individual) ou na privacidade analítica dos grupos especificamente formados para esse fim (psicodrama grupal).

Como já foi dito, os únicos âmbitos que podem garantir a assepsia necessária contra possíveis contágios — que podem ocorrer quando as seleções não são respeitadas — excluem do **vínculo de investigação analítica profunda** as **relações de habitualidade real cotidianas.**

PSICODRAMA A SERVIÇO DE UM PACIENTE

Há situações existenciais críticas, que exigem, para determinados pacientes, esse procedimento. Neste caso, é possível formar um grupo de co-terapeutas e egos-auxiliares *ad-hoc* para trabalhar pontualmente nessas situações terapêuticas tão especiais, garantindo a máxima eficácia técnica possível, com uma margem adequada de contenção.

PSICODRAMA DE CASAL

Metodologia incorreta, em que se toma erroneamente como paciente o casal real, em vez de se trabalhar com seu vínculo e suas redes sociais (ver SOCIODRAMA). Quando se trabalha com as cenas nucleares conflitantes (ver CENA NUCLEAR CONFLITANTE) do mundo íntimo de cada integrante do casal em consulta, na presença de ambos, em vez de diminuírem os fenômenos transferenciais, eles são aquecidos negativamente. Há também o risco de sobrecarregar cada pólo do vínculo com o peso de um novo papel, e do "terapeuta selvagem", complicando ainda mais as coisas, em vez de ajudar a resolvê-las.

PSICODRAMA DIÁDICO ou BIPESSOAL

É a aplicação do procedimento dramático no vínculo terapêutico diádico (que, por um costume que deve ser revisto, continua a ser denominado **psicoterapia individual**). É uma prática que exige uma sofisticada precisão metodológica, pois se não forem tomadas as precauções técnicas adequadas, pode carregar negativamente o vínculo terapêutico.

A dificuldade de sua prática está no fato de que o terapeuta deve desempenhar, ao mesmo tempo, os papéis de diretor, ego-auxiliar e caixa de ressonância, expondo-se em muitas frentes ao mesmo tempo.

A fantasia dramática é uma forma de psicodrama diádico que proporciona uma maior distância instrumental para a análise, garantindo um manejo mais adequado na mobilização de transferências, cujos resultados são equiparáveis quanto à sua eficácia. Sem dúvida devemos reconhecer (apesar do que acabamos de dizer) que o psicodrama diádico conseguiu, na Argentina (pelo trabalho de alguns especialistas), desenvolvimentos metodológicos notáveis (por exemplo, os trabalhos de Virginia Pandolfelli de Urruty).

PSICODRAMA DIDÁTICO

Processo de aprendizagem grupal para formação de psicodramatistas e coordenadores de grupo. Cada escola promove esses processos de maneiras diferentes, tanto técnica quanto metodologicamente. O ensino do psicodrama é uma atividade complexa, que exige propósito, objetivos e técnicas específicas. O processo de formação de psicodramatistas deve incluir todas as ações docentes que facilitem o surgimento, a assunção e o paulatino domínio, não só do papel buscado, mas de todos os complementares que, ao serem distribuídos, permitirão enfim um desempenho profissional adequado. O domínio do papel de diretor acontecerá gradualmente, mas, para que se possa alcançar níveis máximos de criatividade, será necessário desempenhar profundamente, durante o processo de aprendizagem, os papéis complementares de protagonista, ego-auxiliar e observador participante. Só as experiências diretas em psicodrama, sociodrama, jogos de papel e jogos dramáticos garantem o aprofundamento na assunção de todos esses papéis, permitindo, além disso, o desenvolvimento da espontaneidade e da criatividade.

O trabalho constante da coordenação deve visar a manutenção dos vínculos grupais e da estrutura sociométrica no plano de uma **percepção** adequada do outro (fator tele). Esses cuidados garantem que o grupo funcione como uma boa matriz de formação. Não se trata apenas de adquirir conhecimentos e habilidades, mas também de desenvolver processos no campo das atitudes. Nessa área, que corresponde ao âmbito afetivo, manifestam-se as emoções, os sentimentos e os valores. É aí que a corrente vivencial da aprendizagem psicodramática é especificamente trabalhada, e a responsabilidade dos docentes será criar o clima que possa propiciar o estado necessário para que a matriz forneça a confiança básica indispensável.

Quando todos estes aspectos são considerados com especial respeito, não apenas os objetivos buscados serão facilitados e favorecidos, mas o clima também garantirá o desdobramento positivo desses papéis, sua assunção e sua psico-higiene.

O ensino do psicodrama baseado na experiência direta exige, do coordenador, o mesmo rigor teórico-técnico que vivencial, ou seja, o constante compromisso pessoal dos docentes com o processo de aprendizagem e com os alunos.

PSICODRAMA IMANENTE

Termo introduzido na Argentina por vários grupos de trabalho, especialmente pelos investigadores que articularam o psicodrama com a psicologia analítica junguiana. Localizar o cenário no espaço mental do protagonista é o denominador comum que caracteriza os diversos modos de trabalhar no assim chamado psicodrama imanente. Essas modalidades de trabalho são desenvolvidas no psicodrama didático (pedagógico), por exemplo, quando se ensina um psicodramatista iniciante a se desembaraçar de algum bloqueio ou dificuldade, em seu trabalho de direção. O solilóquio imanente do diretor (à maneira de um diálogo reflexivo consigo mesmo) permite diferenciar aquilo que lhe é próprio das cenas pertencentes ao repertório do protagonista que ele está coordenando. A visualização de cenas pessoais (obtidas mediante o solilóquio reflexivo e imanente do diretor, paralelamente às dramatizações) permite que o coordenador reaqueça, "afaste as próprias entranhas" do foco da ação e se desembarace quando estiver demasiadamente comprometido e hiperaquecido no drama alheio. Isso é fundamental, pois a tarefa de direção exige o seu manuseio. É mister que ele saiba vibrar em simpatia; mas também é necessário incorporar a arte de não se atrapalhar, emaranhar e bloquear em relação ao "*co-patiens* dramático".

Debaixo de cada máscara há sempre outra máscara... e outra... e outra... indefinidamente: como se depreende da dramaturgia pirandelliana. Do mesmo modo, debaixo de cada cena palpitante podem se reatualizar muitíssimas outras cenas. No pano de fundo de toda situação cotidiana, mesmo a mais rotineira (aparentemente), há não apenas histórias do mundo biográfico familiar e da época da infância. Nesta profundidade reverberam, além disso, outros grandes repertórios; palpita também a poderosa e obscura cultura do ancestral pré-biográfico, junto com as forças mitológicas do transpessoal e do arquetípico. Este é o campo específico do psicodrama imanente, que na Argentina foi investigado e desenvolvido pelos psicodramatistas de formação junguiana. As visualizações, as explorações através do imaginário, a instrospecção dramática, as experiências com círculos de energia e mandalas grupais, os trabalhos para a abordagem e elaboração de cenas ancestrais e arquetípicas, as buscas sistemáticas em níveis de hiperconsciência profunda, a investigação télica, as experiências vivenciais a partir da meditação e a visualização de estímulos arquetípicos, os arqueodramas e os astrodramas (etc.), todas são técnicas visadas por metodologias semelhantes. Muitas delas já transcenderam o campo da investigação e da terapêutica estritamente junguiana. A eficácia das visualizações positivamente pautadas (por exemplo) já se encontra amplamente difundida no campo da terapia oncológica.

PSICODRAMA INTERNO

O psicodrama interno, criado por José de Souza Fonseca Filho, nasceu da angústia do psicodramatista em seu *setting* de psicoterapia individual. Vitor R. C. S. Dias, também escreveu a respeito.

É um trabalho de dramatização, onde a ação é interna, simbólica. O paciente pensa, visualiza e vivencia a ação, mas não a executa.

Esse procedimento é freqüentemente realizado com o paciente deitado ou confortavelmente sentado. Pede-se que feche os olhos e tome consciência de si mesmo, das sensações corporais presentes no momento. Os pensamentos devem ser colocados num segundo plano e sua atenção deve se concentrar nas sensações corporais. Um exemplo de consigna: "Não brigue com seus pensamentos, deixe que eles entrem e saiam, e ponha sua atenção nas sensações corporais presentes agora, neste momento". A consciência de si mesmo, a diminuição da corrente de pensamento e a sucessão figura-fundo que se segue propiciam espontaneamente a visualização de imagens que podem ser a cores, podem se apresentar como movimentos, formas variadas, paisagens, figuras humanas, cenas etc.

Alguns pacientes têm maior facilidade para dramatizar internamente do que na forma clássica, talvez porque esta última exija um deslocamento espacial do corpo envolvendo um compromisso corporal concreto, ou seja, uma ação com suas conseqüências. É diferente, totalmente diferente agredir fisicamente uma pessoa, agredir em uma cena do psicodrama, ou agredir, com todos os requintes, na imaginação. O ato corporal ergue barreiras fóbicas, às vezes intransponíveis para alguns pacientes.

Com psicóticos essa técnica se mostra especialmente útil, favorecendo a inversão de papéis. O psicodrama interno não se propõe somente resoluções de eventuais conflitos, mas, talvez mais importante, desobstruir e calibrar canais de expressão, essenciais à comunicação do inconsciente com o consciente. Pode ser utilizado como técnica breve, *flashes* de psicodrama interno que auxiliam em mudanças de cena e/ou num rápido mergulho na emoção vivenciada (ver PISICODRAMA DIÁDICO ou BIPESSOAL)

PSICODRAMA PSICANALÍTICO

Todo trabalho psicodramático é, de alguma forma, tributário das propostas e investigações de Moreno, seu criador. O que geralmente se denomina psicodrama moreniano (também chamado psicodrama **clássico**) deve ser sustentado, teórica e metodologicamente, nas filosofias da vida, no momento, no encontro, na antropologia vincular, na teoria dos papéis e na sociometria. Estas linhas de pensamento aproximam do psicodrama muitas outras metodologias, que, em psicologia, podem ser chamadas de correntes humanistas. O psicodrama psicanalítico é uma síntese dessas correntes; ele tenta a interpretação das técnicas psicodramáticas a partir da teoria e da metodologia psicanalítica — de forma inquieta e progressista — superando muitas ortodoxias. As escolas argentina e francesa foram notáveis nesse sentido. Mas o psicodrama muito ganhou e ainda tem muito a ganhar com essas sínteses, que deverão incluir, sem dúvida alguma, tudo que foi realizado pelas interpretações da psicanálise complexa e dos arquétipos junguianos, pelas teorias modernas das relações objetais, especialmente pelos desenvolvimento neokleinianos de Winnicot, Boulby e Foulkes — e, por último, a perspectiva lacaniana, com seus desenvolvimentos no chamado psicodrama freudiano.

PSICODRAMA PÚBLICO

Técnica originalmente utilizada por Moreno em Beacon e em Nova York. Os grupos eram abertos e amplos. Eram compostos circunstancialmente, de modo espontâneo. O critério sociométrico era o de participar de uma experiência psicodramática pública. O protagonista que atuava em cada sessão devia resguardar dados de sua própria identidade, para manter o anonimato social necessário.

A cultura religiosa — cristãos protestantes — predominante nos Estados Unidos e suas práticas de confissão pública coincidiam com a cultura hassídica, subentendida em Moreno. Essas circunstâncias favoreceram esse estilo de trabalho e essas práticas públicas que nossa cultura latina rejeita, e que ocasionaram muitas críticas e muitas resistências acadêmicas em nosso meio. Apesar de tudo, o estudo desses procedimentos pioneiros, durante um período que poderíamos considerar como "paleopsicodrama", não deixa de transmitir grande riqueza.

PSICODRAMA, sessão de

Desenvolve-se em três etapas: aquecimento, dramatização, comentário.

A etapa do aquecimento subdivide-se em aquecimento inespecífico e aquecimento específico. É o surgimento do protagonista que marca essa subdivisão. A subetapa do aquecimento específico consta de contrato e preparação dramática.

A etapa da dramatização vai se desdobrando como um programa, partindo da primeira cena, com chaves dramáticas, em busca do papel em conflito e da cena nuclear conflitante (ver CENA NUCLEAR CONFLITANTE), para voltar, enfim, após a reestruturação dramática, à primeira cena ou ao primeiro papel que deu a chave para a investigação.

A etapa dos comentários, por sua vez, subdivide-se em duas subetapas: o compartilhamento e o momento das observações, assinalamento e análise.

PSICOLOGIA DAS MOTIVAÇÕES

(Ver VERTENTE MOTIVACIONAL.)

PSICOLOGIA DOS OBJETIVOS

Os modos humanos resolvidos e os modos irresolutos estão relacionados à fome de transformação e seus resultados. O ser humano que pôde transpor os limiares evolutivos para se lançar na matriz social confiante e resolutivamente, está em condição de enfrentar a angústia trágica e seu destino, em prol de seu próprio projeto profundo de existência, na longa série de integrações e escolhas que a vida exigirá dele constantemente.

Desse modo, poderá ser um ser espontâneo e criador. Nele, os resíduos das ansiedades básicas originais (fome de atos) ter-se-ão transformado no impulso criador que fará com que tenda à busca permanente de uma realização totalizante. Isso só poderá ser conseguido com a construção de um universo próprio e uma cosmovisão peculiar. O ser adulto só pode tender a isso seguindo o mandato de um projeto profundo, em uma constante revisão da própria realidade. Nessa diligência, sustentada e impulsionada pela angústia da finitude, a autoafirmação assim como a auto-realização individual serão nada mais que meras etapas de um caminho que nelas não se detém. Essa diligência incessante, acumulativa e agregadora em busca da verdade, e a constante necessidade de reestruturação da cosmovisão pessoal, são matérias sempre inacabadas, sempre por totalizar-se, acompanhando o homem por toda sua existência. O ser resolvido sempre será surpreendido pela morte em plena busca e em tal diligência.

Segundo a concepção moreniana, nessa constante busca de transcendência, o ser humano segue um projeto de totalização que não termina nem culmina, e portanto não acaba quando ele consegue uma identidade individual, mas, antes, sobrevive a ela. O motor dessa diligência humana é a **fome cósmica** da criança, que persiste no homem adulto como fome de transformação (ver FOME DE TRANSFORMAÇÃO). Nesse sentido, o pensamento moreniano confirmado por suas experiências (Jacob Levy Moreno, "Las bases de la Psicoterapia" — IV Conferência) não apenas é profundamente existencial, no sentido positivo do enunciado, mas também evolucionista e transcendente.

As poderosas tendências do ser, que impulsionam todo ser humano ao profundo imperativo da busca de uma totalização — não somente para si mesmo, mas para a cultura na qual está imerso — foram assinaladas por Moreno e reiteradas em seus escritos. Em suas palavras: "O centralismo do olhar humano nunca deixa de atuar (...) em todo ser humano a auto-referência parte sempre de uma referência à matriz de identidade original que lhe coube viver e de onde ele parte". Nesse sentido, ele nos diz que a fome cósmica da criança sempre permanece, na profundidade de cada ser humano, como um resíduo mobilizador que atuará durante toda a vida. Será o mandato profundo que impulsionará cada ser, para além de sua própria auto-realização, às aras da realização de todos: busca de uma contribuição para sua cultura, na medida de suas possibilidades.

Ao contrário, nos modos de ser irresolutos, vemos que quando um indivíduo, por qualquer circunstância, renega seu mandato — que impulsiona sua fome de transformação —, o efeito dessa negação e o conflito profundo que ela acarreta cedo ou tarde aparecerão e se manifestarão em seus sintomas. Nesse sentido, o sintoma é, para Moreno, um aviso peremptório para que o ser busque o caminho de seu reencontro.

Então a liberdade, a espontaneidade e a criatividade do homem serão as únicas fontes para ele alcançar essas integrações, que foram postergadas e estão esperando.

Não importa qual seja o trecho de caminho que cabe a cada homem percorrer. Não importa quão transcendente ele possa parecer. Imperativo é encontrar-se nele e percorrê-lo até seu último marco, desenvolvendo suas possibilidades no âmbito do próprio destino.

Esta é a vertente que, em Moreno, conduz a uma psicologia dos objetivos. A proposta moreniana é oferecer ao ser uma matriz (*locus nascendi*), no cenário psicodramático, que possa funcionar como área para tais reencontros.

PSICOMÚSICA

É a utilização do ritmo e da música objetivando a integração catártica. Em algumas ocasiões, os recursos corporais dos participantes são utilizados como instrumentos rítmicos e musicais. Outras vezes, são introduzidos instrumentos de percussão simples, para favorecer a expressão rítmico-musical. Em outras ocasiões, recorre-se a instrumentos musicais, sons e gravações. Nessas ocasiões, é necessário que a equipe trabalhe em conjunto com especialistas (músicos e musicoterapeutas).

PSICONEUROIMUNOBIOLOGIA

Hoje é aceita quase sem discussão a estreita conexão entre o sistema de defesa, ou imunológico, e o sistema nervoso. A extensa experimentação realizada desde 1976 fez se desvanecerem os diversos preconceitos acerca da existência dessa intercomunicação. A ponte entre os dois sistemas é utilizada em ambos os sentidos, em todos os instantes de nossas vidas, pois dela depende nossa sobrevivência. Assim, na década de 1980, formou-se uma especialidade chamada psiconeuroimunobiologia (PNIB), que trata especificamente do estudo dessa conexão.

Diante da existência dessa ponte, o limite entre o somático ou orgânico e o neurológico ou psicológico desvaneceu-se de tal modo que é impossível estabelecer suas diferenças, a menos que se pretenda realizar uma classificação arbitrária. Diante das conhecidas demonstrações experimentais dessas intercomunicação, podemos afirmar que a classificação "doenças psicossomáticas" é absolutamente redundante, pois não há doenças que não o sejam. A deformação do sentido da palavra fez com que se atribuísse a essas patologias um suposto caráter imaginário ou ilusório; atualmente, devemos considerá-las entidades nosológicas integralmente relacionadas.

Não há nada mais real do que uma doença psicossomática. O sistema imunológico controla nosso microcosmo para que nada altere nossa estrutura interior, enquanto o sistema nervoso nos conecta com o exterior, com o macrocosmo, para realizar um propósito idêntico. Ambos mantêm nossa identidade, configurando o chamado Sistema Integral de Defesa (SID). Além disso, podemos chegar à conclusão paradigmática de que ambos são um mesmo sistema, em que até o próprio sistema imunológico é um antigo precursor do sistema nervoso. Desse modo, não é de se estranhar que compartilhem mediadores químicos, conservem estratégias de ação idênticas e "conversem" amplamente entre si. São tantas as evidências experimentais que é muito improvável que venham a ser aceitas como simples coincidências. Trabalhar com essa hipótese mobiliza todas as nossas energias e, sem dúvida, sua confirmação modificará substancialmente nossos conceitos de doenças.

Se quisermos abarcar de uma maneira mais totalizadora os condicionantes psicológicos do doente e compreender o sentido de suas raízes profundas, é imprescindível um ponto de vista intermediário, que inclui um rápido exame pré-biográfico. Às vezes, para compreender o pano de fundo psicológico de uma doença, em uma situação dada, é preciso saber examinar o pano de fundo familiar que veio sendo preparado por várias gerações.

PSICOTERAPIA DE GRUPO

É um procedimento terapêutico e um método de investigação das relações, ações e comunicações pessoais. É desenvolvida em sessões terapêuticas contextualidas, das quais participa um número preestabelecido de integrantes, que se comprometem nesse sentido, afastando a visão de seus problemas pessoais, seus conflitos, vivências e experiências, suas opiniões, sentimentos e fantasias, suas projeções e transparências.

Os fundamentos da psicoterapia de grupo são: o princípio da interação terapêutica; a concepção do co-consciente e do co-inconsciente; e o princípio do encontro.

PSICOTERAPIA DA RELAÇÃO

É uma forma de psicoterapia individual derivada do psicodrama, criada por José de Souza Fonseca Filho, que privilegia, por um lado, o trabalho de relação paciente-terapeuta, e, por outro, o trabalho das relações do mundo interno, ou seja, se envolve nas relações EU-TU e EU-EU.

A psicoterapia da relação propõe ser uma ação pragmática de observação e compreensão do fenômeno relacional. O diagnóstico do "inter" é o meio para atingir o diagnóstico de si mesmo, ou consciência de si mesmo (eu). Busca-se o desenvolvimento do eu observador, que é o caminho que conduz da auto-imagem distorcida ao eu verdadeiro. O eu observador é um olho, um terceiro olho, que não julga, nem critica, nem elogia: **constata**. O eu é formado por uma infinidade de eus parciais, internalizados, que clamam por serem descobertos e que se expressam através do jogo de papéis.

O psicoterapeuta da relação é um misto de diretor e ego-auxiliar, ou, se quiserem, um ator terapêutico. As cenas são dramatizadas no plano da ação verbal e preponderantemente no aqui e agora, ou seja, "presentificadas". O terapeuta se dispõe a desempenhar um papel internalizado do paciente. Não há marcação ou montagem de cena e não há ação corporal entre terapeuta e paciente na atuação psicodramática. O terapeuta se conduz pelo "princípio do duplo" e pelo princípio da entrega ao papel desempenhado. Ele não deve partir de hipóteses teóricas, mas simplesmente mergulhar no papel.

Além do contato consciente-consciente há um contado inconsciente-inconsciente (co-consciente e co-inconsciente de Moreno).

Quanto às técnicas utilizads, elas são ágeis e rápidas; provêm do psicodrama clássico, mas foram simplificadas, despidas de seu aparato teatral e adaptadas aos cinqüenta minutos de uma sessão de psicoterapia individual. Dentre as principais técnicas destacam-se: duplo-espelho (síntese do duplo e espelho); jogos de papéis (o terapeuta assume o papel internalizado do paciente previamente atuado por ele ou desempenhando-o diretamente); entrevista no papel; concretização; maximização; "presentificação" (de olhos abertos e de olhos fechados) "técnicas do videoteipe" etc.

PÚBLICO

(Ver PLATÉIA.)

QUADRADO

Configuração sociométrica que aparece no sociograma, em que se evidencia uma cadeia fechada de quatro integrantes, escolhidos por mutualidades télicas.

QUALIDADE DA TELE

São três as qualidades da tele: atração, rejeição e indiferença (ver LEI DA GRAVITAÇÃO SOCIAL, LEI DOS TERÇOS).

QUALIDADE DRAMÁTICA

Segundo Moreno, é uma das formas da espontaneidade (ver ESPONTANEIDADE) e conduz à reativação dos tesouros e conservas culturais e estereótipos sociais. Para ele, a qualidade dramática da resposta atribui novidade e vivacidade a sentimentos, ações e expressões verbais que nada contêm de novo, original ou criativo.

Em uma dramatização, denominamos qualidade dramática aquela característica da ação que começa a dar sinal de uma primeira inclinação para a liberação e o treinamento da espontaneidade.

R

REALIZAÇÃO PSICODRAMÁTICA

Técnica utilizada por Moreno para trabalhar com pacientes que apresentassem delírios psicóticos. Entrava no delírio do paciente, criando para ele um mundo auxiliar, no qual os egos-auxiliares deviam assumir papéis que antes só povoavam o delírio do protagonista. Moreno assim procedia enquanto fosse necessário, não só sessão após sessão, enquanto intervia no delírio, que dirigia como se coordenasse psicodramaticamente um sonho; a tarefa dos egos-auxiliares continuava em interação durante a rotina diária da internação do paciente, acompanhando-o de modo cálido e substantivo em suas atividades cotidianas. Só à medida em que o paciente ia gradualmente assumindo o princípio de realidade, iam sendo mudados os papéis desse mundo auxiliar.

REALIZAÇÃO SIMBÓLICA

Modalidade psicodramática por meio da qual se intervém no material onírico ou material surgido nos devaneios, mantendo-se o trabalho rigorosamente no cenário, respeitando o contexto dramático, social e grupal, a instância desse outro contexto (o onírico) para explorar, reexplorar, desestruturar e reestruturar um sonho dramaticamente. Assim explorados, todos os elementos de um sonho (ou de um mito), suas tramas, suas cenas, permitem, ao serem mantidos nesse contexto, que seja respeitada a profundidade inesgotável do simbólico, para que a resolução seja encontrada em sua própria tendência integradora e elaboradora arquetípica.

Essa idéia decorre de que toda interpretação, por mais válida que seja, embora indique uma verdade, sempre descobre algo parcial; enquanto o material simbólico, justamente por ser simbólico, é de algum modo sempre inenarrável e inesgotável em sua totalidade. Por essas razões, em psicodrama, sempre é bom respeitar o momento da realização simbólica quando se está trabalhando com a cena, e deixar as interpretações para a etapa de comentários e análise no contexto grupal. Trabalhar com essa modalidade implica em confiar que, na essência, nas profundezas, o simbólico com muita freqüência tende à integração.

REDE SOCIOMÉTRICA

Em sociometria (ver SOCIOMETRIA), chama-se de rede sociométrica a estrutura vincular resultante após ser aplicado um critério sociométrico (ver CRITÉRIO SOCIOMÉTRICO) determinado. Essa rede, assim armada, nos dá uma imagem real e afetiva do grupo, que pode ser percebida em uma cena — no cenário ou em um gráfico sociogramático.

REDISTRIBUIÇÃO VIVENCIAL

É uma tática de coordenação e uma técnica específica do psicodrama utilizada no início da etapa do aquecimento específico (ver AQUECIMENTO).

É implementada ao se dar espaço e tempo aos integrantes do grupo, antes de integrarem a platéia (ver PLATÉIA), como caixa de ressonância (ver CAIXA DE RESSONÂNCIA), para que compartilhem, unitária e vivencialmente, suas impressões com o protagonista escolhido.

É um passo quase inevitável quando, durante o aquecimento, só um integrante se propôs para ser escolhido como protagonista. Essa tática dá ao protagonista a certeza vivencial de não estar isolado, de ser verdadeiramente ele quem vai protagonizar, não apenas para si, mas também para os demais (ver PRO-

TAGONISTA), e dá ao coordenador a segurança de não ter escolhido um "bode expiatório".

Outras vezes, quando a proposta de protagonização foi compartilhada e a escolha foi difícil, essa técnica permite que os co-protagonistas não escolhidos sintam-se também considerados, e não arbitrariamente deslocados, acompanhados e contidos, em sua preterição momentânea, até outro momento dramático do processo terapêutico.

RE-MATRIZ

Um dos mecanismos de ação das psicoterapias é a internalização de um novo modelo relacional, que acaba por compor uma neomatriz ou rematriz, no sentido de revivescências corretivas da primeira matriz, a original. Essa designação foi criada por Dalmiro Bustos (ver MATRIZ).

REPORTAGEM

Técnica fundamental dos procedimentos dramáticos (sociodrama, psicodrama, jogos de papel). É praticada por meio do diálogo entre o diretor, o protagonista e/ou egos-auxiliares, e utilizada, com muita freqüência, na etapa do aquecimento, para diagnóstico ou compreensão terapêutica, e para contextualizar a ação dramática e preparar as cenas.

Em psicodrama, é também de extrema utilidade quando se trabalha na cena nuclear conflitante (ver CENA NUCLEAR CONFLITANTE) para preparar a reestruturação, na vincularidade, dos personagens que atuam no argumento, e para a compreensão intelectual, emocional e axiológica do protagonista.

REPRESENTAÇÃO DRAMÁTICA

Representar, no sentido geral, é um meio de invocar alguma fonte de sensações e afetos. Para poder ser assim considerada, uma representação deve ter um determinado poder de evocação do emotivo.

O termo "drama" significa ocorrer, acontecer, ação. Isso indica que uma representação dramática tende a mostrar algo mais do que uma imagem; é, essencialmente, uma cena. Pode-se dizer que a representação dramática é a apresentação de um evento que tenha a faculdade intrínseca de interessar e comover, ou seja, de mobilizar afetos por seu impacto ao desenvolver uma ou várias ações.

Em toda representação dramática, as ações que evocam sensações e afetos diversos desenvolvem-se em um certo **espaço** e em um certo **tempo**, que constituem o tempo e o espaço **dramáticos**. Por isso, a representação dramática é uma atividade ou arte no tempo e no espaço, enquanto a representação plástica e fotográfica, por exemplo, são artes somente espaciais. Uma vez concebida toda a atividade ou arte fundamental como um método, a representação dramática é um caminho que permite, além de apresentar e investigar, intervir no tempo e no espaço próprios do homem, e em seus afetos.

A representação dramática, como todo método, dispõe de instrumentos que lhe são peculiares. Um desses instrumentos é o próprio homem, que se envolve nas ações da representação dramática com toda sua corporalidade, seus afetos, seus valores, seu pensamento e sua possibilidade de decisão. A representação dramática é, portanto, um meio de investigação em todos esses campos, que acrescenta, à possibilidade de elucidação, a faculdade de produzir determinadas modificações no homem.

Os instrumentos essenciais de uma representação dramática são: a **mensagem**, que é conteúdo e se deduz da ação dramática; o(s) **ator**(es) que executa(m) esta ação, e a **platéia**, que recebe ativamente essa mensagem como uma verdadeira caixa de ressonância afetiva. Todos esses elementos e as leis que os regem são estudados especificamente pela ciência dramática, disciplina que se denomina arte dramática (ver ARTE DRAMÁTICA).

Em nosso século, a representação dramática foi introduzida no campo das ciências sociais, e por isso deve ser investigada também no âmbito dessas ciências e seus campos de trabalho. Além disso, deverá ser estudada no campo da comunicação, da teoria dos jogos, das teorias da compreensão, da teoria dos papéis etc. Todavia ainda é muito o que fica por ser aprofundado.

No campo da comunicação pode-se dizer que, para que um ato dramático venha a constituir o fenômeno que chamamos de representação dramática, todos os participantes devem ser de alguma maneira co-executantes da mesma, tanto atores quanto espectadores. A platéia deve ter um papel ativo, de uma verdadeira caixa de ressonância do fato. Sem esse requisito, não se pode atingir a categoria de representação dramática, que a converte em um autêntico fenômeno de comunicação. No ato comunicativo, o papel do ator sempre tende a promover o contrapapel da platéia. Esse princípio é tão essencial que, quando o ator não o consegue, não há drama.

A dança, que também é uma arte que ocorre no tempo e no espaço, pode ser concebida como um fenômeno na solidão. Um ato de dança pode ocorrer como um fato estritamente autônomo ou como um fenômeno de comunicação do homem consigo mesmo. Se rastrearmos os rituais primitivos, vamos encontrá-la nos atos em que o bailarino busca a comunicação consigo mesmo, num estado de ânimo muito especial, um estado emocional intenso em uma busca individual de harmonia, unidade e equilíbrio. Nas danças de determinados rituais é possível observar como o bailarino autônomo busca um transe metafísico, por meio do qual ele busca geralmente uma vivência de integração pessoal com a energia cósmica. Esses fenômenos autônomos podem ser encontrados na dança dos rituais sagrados, com os quais o homem busca chegar a experiências de transcendência mística; eles também podem ser encontrados nas modernas práticas de dança. Esses exemplos evidenciam a possibilidade da dança como ato autônomo. Em contrapartida, um ato dramático solitário é inconcebível.

Toda representação dramática é constituída, fundamentalmente, de um ato que busca antes de mais nada, a comunicação com o outro. O fato dramático é essencialmente heterônomo e requer, necessariamente, um contexto humano de interações, o que implica sempre pôr em jogo valores de solidariedade e cooperação nesses vínculos. A representação dramática é uma busca do homem, assim como a dança, mas ela é fundamentalmente diferente desta por ser um método que sempre tende a promover a compreensão humana compartilhada em um vínculo com outros.

A representação dramática foi uma atividade ou arte que surgiu como um método para a compreensão da mudança do desconhecido para o conhecido, na razão mítica dos ritos primitivos. Por isso seu efeito tenderá naturalmente à catarse de integração, tanto em sua vertente ativa ou ética, como em sua vertente passiva ou estética.

Para a corrente psicodramática moreniana a representação dramática e seu inerente fenômeno de comunicação possibilita, para o protagonista e para o grupo que com ele participa, o salto duplo, do *pathos* e sua opacidade à iluminação do *logos*. Esse salto ocorre dialeticamente por mediação ou síntese da simbolização, que surge na consciência com o próprio ato dramatizado. Esse ato de compreensão pode ser entendido como uma verdadeira evidência no contexto da relação, da interação e da comunicação dramática, onde tem seu *locus nascendi*.

Para a corrente moreniana, é o contexto dramático — ao possibilitar confrontos antagônicos e deuteragônicos — que facilita o fenômeno dessas compreensões e consegue que se torne atual na consciência humana aquilo que lhe fora desconhecido até então, por negação ou repressão (ver CATARSE DE INTEGRAÇÃO).

Da perspectiva de Moreno concernente à representação dramática e seu modo de operar em psicodrama, é sempre importante insistir em que, mesmo quando o diretor leva o protagonista a uma compreensão mediante uma interpretação e a consegue ainda na etapa dos comentários, está efetuando um ato dramático no sentido estrito. Ou seja, desempenhando um papel em uma situação antagônica ou em uma posição deuteragônica, sempre imerso na contenda dramática e nunca fora dela.

No momento da catarse de integração, tanto o terapeuta como o grupo, na função de caixa de ressonância, são para o protagonista, assim como para aqueles que com ele ressoam em cadeia, verdadeiros executantes do ato dramático. Todos são agentes em plena interação, mesmo aqueles que manifestam corporalmente seu distanciamento com uma aparente indiferença, pois com essa atitude anti-solidária estão representando um papel que tem algo a ver com o fato dramático e é uma manifestação do próprio fenômeno.

É preciso lembrar que só a partir da instrumentalização ideológica da representação dramática que se delimitou a possibilidade ativa e ética da catarse, para enfatizar sua vertente estética passiva, tendo como objetivo o controle para restringir os processos de transformação. Somente com essa instrumentalização a representação dramática começou a ser um espetáculo e deixou de ser o fenômeno promotor de atos originais e de transformações, como fora em sua origem. Só a partir de então os executantes do ato dramático passaram a se dividir, definitivamente, em atores e espectadores.

Moreno, que devolveu ao ato dramático seu verdadeiro sentido de representação original, chamou o próprio observador de **observador participante.**

Tudo que ocorre no espaço e no tempo próprios da representação dramática integra ativamente o fenômeno dramático, e isso inclui também todas as etapas de uma sessão dessa natureza, todo seu processo e todos seus instrumentos. Em contrapartida, no teatro, considerado como espetáculo, apenas os atores são executantes do ato dramático. No psicodrama, onde verdadeiramente se retorna à situação essencial da representação dramática, tudo e todos são executantes, e todas as interações compõem e desenvolvem a ação dramática e seu processo. O fenômeno dramático é aí um verdadeiro processo que se desenvolve continuamente e se propõe como um devir de atos dramáticos articulados entre si, que se sucedem e se desenvolvem no cenário à procura de uma resolução.

Dissemos que a representação dramática é a ação de apresentar acontecimentos que tiveram a faculdade de comover, isto é, de mobilizar afetos. Determinamos que essa atividade é um caminho para compreender a mudança do desconhecido para conhecido, por suas possibilidades de confrontos antagônicos e deuteragônicos que permitem tornar atual para a consciência aquilo que, até então, não era atual — compreensão através da qual é possibilitado o salto da opacidade do *pathos* à luminosidade do *logos*, no sentido de uma verdadeira evidência. Também vimos que qualquer representação dramática é essencialmente um fenômeno de comunicação e de participação, e por isso, deve ser aprofundada a partir de todos esses campos, para ser melhor estudada.

REPRESENTAÇÃO DRAMÁTICA MÍTICA

A representação dramática tem antecedentes arcaicos no ato mágico, mas, na verdade, foi gerada nos antigos rituais míticos. A representação mítica nasceu no seio das sociedades unitárias. A partir do seu surgimento, ela seria um dos mitos resolutivos das emoções e das inquietudes humanas. A representação dramática, por sua momentaneidade atemporal, por suas leis do "como se" peculiares à hipócrise, e pelos jogos de sua arte dramática, vai oferecer à comunidade o controle homeostático do *pathos* e o domínio do imaginário.

Esse ritual da razão mítica é **representação**, precisamente porque permite, sempre que necessário ao grupo, repetir no marco referencial do presente o ato ritual controlador. O que se traz reiteradamente a um presente atemporal mediante o ritual é o drama originário mágico, situado miticamente *in illo tempore*. Essa possibilidade de repetição ritual permite sua instrumentalização em benefício da comunidade.

Representar é, portanto, oferecer intencionalmente, no momento escolhido, a possibilidade simbólica mediadora que sintetize as experiências originais do clã para organizar resolutivamente o *pathos* mobilizado na comunidade. Todo acontecer heróico original pertencente à proto-história lendária de uma comunidade pode ser oferecido novamente desse modo, como fenômeno dramático, à percepção daqueles que se reúnem para presenciá-lo. Os participantes só podem receber o ritual quando estão intencionalmente predispostos e previamente imersos no mistério compartilhado do que lhes vai ser miticamente revelado.

No trabalho *Magia, mito e psicodrama*, de Carlos Menegazzo, pode-se encontrar o estudo da evolução da representação dramática através dos diferentes marcos referenciais que atravessam: a razão mágica, a razão mítico-religiosa e seu desenvolvimento posterior na razão lógica e nas razões ideológicas.

ROLE PLAYING

Também denominado treinamento de papéis (ver JOGOS DE PAPEL).

S

SHARING

(Ver COMPARTILHAMENTO.)

SITUAÇÃO

Denomina-se situação a posição especial que põe o homem diante da necessidade de uma decisão. A situação pressupõe uma encruzilhada na qual é preciso escolher uma das diversas possibilidades que se apresentam. Toda situação suscita uma crise.

Em termos genéricos, a situação é uma posição, se considerada no sentido da totalidade da circunstância ou do meio vital do homem, que o inclui e atua sobre ele; mas diferencia-se das demais posições (ver POSIÇÃO) em termos particulares, por atuar sobre ele exercendo uma pressão que o condiciona, por estar situado nela, a introduzir uma mudança mediante sua ação, se quiser progredir de algum modo nesse instante peculiar de sua vida.

Segundo Heidegger, "a situação não é, nem nos instantes excepcionais (no sentido da situação-limite), algo meramente dado, mas se molda de forma determinada em relação à escolha do homem, que nela sempre se vê diante da disjuntiva de uma decisão que tem de tomar, de um modo ou contrariamente''.

Como foi dito, o conceito de situação sempre inclui o conceito de crise, entendido este vocábulo em sua acepção etimológica grega, no sentido de uma necessidade peremptória de escolha (ver CRISE). É impossível parar o tempo, isolar ou congelar analiticamente uma determinada situação. Pelo contrário, ela deve sempre ser vista dinamicamente. Toda situação tem antecedentes e conseqüentes posicionais, que devem ser levados em conta se não se quer correr o risco de cair na mais absoluta arbitrariedade na compreensão do teor dramático do que nela está ocorrendo.

Em psicodrama, chamam-se **premissas dramáticas** os antecedentes posicionais de uma situação dramática. Essas são as premissas cuidadosamente exploradas durante a etapa da preparação dramática, no processo de aquecimento específico do protagonista, explorações essas geralmente muito ricas em chaves dramáticas e que acabam sendo essenciais para facilitar a dramatização. A exploração dos conseqüentes posicionais de uma situação permite mergulhar na vertente dos objetivos do protagonista. Nesta vertente aparecem seus desejos autênticos ou inautênticos; os projetos circunstanciais e os fundamentais; suas tendências substitutivas e, portanto, não-resolvidas, ou seus verdadeiros anelos de mudança, de responsabilidade e de esperança. Esses elementos de diagnose são sempre fundamentais no trabalho cênico e psicodramático.

SOCIODRAMA

É um procedimento dramático específico, baseado nos conceitos da teoria dos papéis e da antropologia vincular. Por meio do sociodrama é possível intervir na vincularidade dos grupos naturais espontaneamente formados (casais, famílias, grupos de convivência, comunidades etc.) ou na vincularidade de grupos instrumentais (grupos de trabalho, grupos de aprendizagem, grupos de produção, equipes institucionais).

Indica especificamente os papéis sociais que interagem no desenvolvimento das atividades comuns do grupo estudado.

Permite visualizar seus conflitos e fazê-los emergir à compreensão para serem resolvidos. Esclarece as relações intergrupais, os valores que funcionam como critérios coletivos, e também as ideologias compartilhadas. Por tudo isso, é um procedimento muito útil, porque permite a investigação psicológica dos papéis sociais dos grupos ou instituições envolvidos, diferenciando-os e deixando uma margem de privacidade aos papéis pessoais.

A ação profunda do procedimento dramático visa a elucidação do que, na teoria dos papéis, denomina-se tecnicamente conflito nodal latente (ver CONFLITO NODAL LATENTE); este, em determinadas situações de crise, é reatualizado em todo o processo grupal.

Fica pois evidente que o procedimento do sociodrama exige sempre de seus operadores (tanto o coordenador como o grupo) uma disposição contratual. É necessário esclarecer que se deve operar na vincularidade social sem contaminá-la com a fantasmática pessoal; pelo contrário, é um procedimento cujo alcance profundo é a descontaminação do vínculo social da fantasmática transferencial. Também se deduz que há dois tipos de aplicações do sociodrama: **institucional** (prevenção primária), que acabamos de descrever, e **terapêutica** (prevenção secundária), como, por exemplo, o sociodrama de casais e o sociodrama familiar.

Nesta especialíssima aplicação terapêutica do procedimento dramático, temos aprendido com muita dor e a partir dos erros, que também são importantíssimas a pureza metodológica e a clareza contratual, das quais já falamos. Nossa experiência clínica de muitos anos demonstrou que, quando se trabalha com casais ou com famílias, deve-se trabalhar com sociodrama, e não com psicodrama. O psicodrama, que intervém na fantasmática pessoal de cada integrante do casal (já que explora e trabalha com as cenas nucleares conflitantes pessoais), deve ser praticado no resguardo da privacidade e interioridade de grupos especiais, afastados do vínculo social do casal. Caso contrário, em vez de serem aliviados, os vínculos sociais acabam ainda mais sobrecarregados. Já vimos muitas iatrogenias, quando esses cuidados não foram tomados. Uma das manifestações dessa perturbação é a tendência de se sobrecarregar o casal (além de todos os problemas que já tem) com as interações competitivas típicas de alguns papéis pseudoterapêuticos (selvagens).

Voltando ao sociodrama aplicado às instituições, parece-nos importante assinalar que, embora este procedimento (como todos os demais) seja conduzido por etapas (ver ETAPAS) e trabalhando com instrumentos (ver INSTRUMENTOS), exige um manejo muito especial da platéia, que vê a dramatização, estruturar (com precisão) os papéis de observação que, em seguida, devem ser dirigidos, com a mesma precisão, na etapa do comentário, permitindo também, nesta última etapa, a troca de papéis. Se, por exemplo, desenvolveu-se no cenário uma cena em que um chefe interage com um supervisor e com subalternos na caixa de ressonância da platéia, esta mesma cena deverá ser analisada da perspectiva dos observadores situados nos papéis de supervisor, de chefe e de subalternos, e nunca das pessoas que observam; assim como nunca se deve permitir que o chefe seja, no cenário, exatamente como um chefe, ou exatamente como um subalterno, mas sempre um papel de chefe (com seus contrapapéis), para não misturar as pessoas com seus papéis. Também nunca se deve permitir que, na platéia, uma pessoa "fale por si". Para sua própria higiene psíquica e do grupo, deverá falar no papel de chefe ou de supervisor ou de subalterno, ou no de cliente. Também nunca devem ser permitidos comentários sobre coisas supostas ou percebidas em outros âmbitos da instituição. Sempre e somente serão permitidos os comentários do que se viu, na cena e no espaço dramático. São esses cuidados que permitem a clareza contratual e a transparência metodológica a que já nos referimos.

SOCIOGRAMA

É um diagrama com círculos concêntricos desenhado para objetivar as redes relacionais de um determinado grupo.

SOCIOMETRIA

De *socios* = social e *metreim* = medida, J. L. Moreno extraiu o termo sociometria. Assim ele denominou, de início, o conjunto de técnicas por ele idealizadas para investigar, medir e estudar os processos vinculares que se manifestam nos grupos humanos. Na época em que iniciou seus estudos, prestigiava-se muito, no meio acadêmico, a possibilidade de medir, com certo grau de exatidão. Nas ciências humanas, para se obter avaliações rigorosas, deveriam ser ajustados instrumentos para esses fins. Moreno aceitou o desafio: desde suas primeiras investigações estava interessado nas relações humanas (seus fenômenos e suas características profundas), mas, especificamente, preocupava-se em desentranhar as motivações patológicas que podem isolar o homem em seus grupos, instituições e comunidades. Dedicou-se a estudar, classificar, medir e colocar em gráficos os encontros e os desencontros das pessoas. Para isso, começou criando e ajustando técnicas apropriadas.

Posteriormente (como Kurt Lewin, outro dos grandes investigadores e pioneiros das ciências sociais, que separou suas "técnicas grupais" do corpo de sua própria doutrina, e as denominou dinâmica de grupo), a sociometria começou a crescer no pensamento de Moreno, até adquirir a dimensão de um marco teórico referencial para sustentar as práticas do psicodrama, do sociodrama e outros procedimentos dramáticos.

Na Argentina, foi Dalmiro Bustos (e seu grupo) que aprofundou essa vertente moreniana de reflexão. Atualmente, o marco teórico enriqueceu-se ainda mais, devido à articulação de muitas outras vertentes, que foram se somando à sociometria de Moreno: os modernos desenvolvimentos da teoria psicanalítica das relações objetais, no psicodrama psicanalítico e na Escola Argentina; os estudos lacanianos de Lemoine, os modernos desenvolvimentos da teoria dos papéis; a teoria da cena, trabalhada por Carlos Martinez Bouquet; e as contribuições da complexa psicologia dos arquétipos, da antropologia vincular e da psicologia transpessoal. Mas, apesar de todas essas abordagens, a base conceitual sociométrica do mestre romeno e seus instrumentos (ver TESTE SOCIOMÉTRICO) continuam sendo fundamentais para a sustentação de conceitos-chave como transferência (ver TRANSFERÊNCIA), tele (ver TELE) e co-inconsciente (ver CO-INCONSCIENTE).

SOLILÓQUIO

É uma das técnicas dos procedimentos dramáticos (psicodrama, sociodrama, jogos de papel) em que o protagonista ou o ego-auxiliar faz um "aparte" na interação e diz, em voz alta, o que pensa ou sente. Expressa-se diante da platéia, em um "monólogo" na situação, reflete em voz alta e faz livres associações a respeito da ação ou da representação dramática que acaba de ser realizada. Desse modo, podem aparecer idéias ou sentimentos que não afloraram durante o movimento interativo anterior. O protagonista pode fazer seu solilóquio sozinho ou acompanhado por seu "duplo", que, no caso, coloca-se fisicamente "atrás" ou "às costas" dele. Como se pode ver, a técnica do solilóquio é também muito útil para explorar os aspectos passivos de uma ação determinada ou paralisada. Fica também evidente que é a melhor técnica para reevocar um sonho em voz alta no cenário psicodramático, quando o protagonista está se aquecendo, ao revisualizá-lo vivencialmente e depois passar para o cenário seu contexto onírico e penetrar nas suas cenas do sonho e nelas intervir dramaticamente.

STATUS NASCENDI

Dado o *locus nascendi* (ver LOCUS NASCENDI) e a matriz (ver MATRIZ), aparece o terceiro elemento, inseparável dos anteriores, na filosofia do momento de Moreno: o *status nascendi*. É assim chamado o processo de concepção para o desenvolvimento de um determinado processo. Ou, usando outro exemplo, é a capacidade germinante da semente, em sua tensão de se tornar árvore.

Moreno criou esse termo para enfatizar a importância, tanto da obra acabada quanto de seu próprio processo de gestação e realização. No terreno do biológico, isso se equipara à importância do nascimento, bem como o da concepção e da gestação.

Do ponto de vista psicodramático, o *locus nascendi* seria a coordenada tempo-espaço na qual se situa o movimento do *status nascendi*.

T

TÁTICA DO ABSURDO

Em picodrama, a tática do absurdo é a proposta do diretor que, em uma determinada situação, mediante consignas dramáticas, tenta levar o protagonista ao **ato de compreensão** pela contradição evidente de sua conduta (ver ABSURDO). Por exemplo, se um protagonista tem demonstrado dramaticamente comportar-se de maneira irresoluta, aparentemente movido pelo temor de ser abandonado, e dando a chave de que sua posição conflitante pode estar fixada no **medo do medo**, sem passar disso, podemos recorrer a esta tática como primeiro passo de conduta no programa psicodramático (ver PROGRAMA PSICODRAMÁTICO). Se há evidência de que, em situação de abandono, o objetivo dramático de nosso protagonista será, por todos os meios, manter o vínculo custe o que custar, para evitar a vivência temida, teremos de aproveitá-la. Iremos lhe propor então representar profundamente, colocando em ato todos os papéis de que é capaz para evitar o rompimento que tanto o angustia. Essa tática vai permitir mover o protagonista de sua fixação encobridora, e então, na interação dramática, aparecerão, sob o medo, a angústia, a raiva, a rivalidade, os ciúmes, a voracidade e a possessividade, todos os papéis alimentados por essas paixões básicas, dos climas da matriz de identidade e da matriz familiar em sua primeira fase. A contenda dramática e seu desenlace, adequadamente trabalhados com as técnicas do duplo, do espelho e da inversão de papéis, conforme o caso, permitirão que se evidencie para o protagonista que está conseguindo exatamente o contrário do que estava procurando. A partir de então, ele poderá vivenciar esse isolamento genuinamente e aprofundar a vivência da solidão em que desembocou dramaticamente e fartar-se dela. Logo, a partir dessas vivências autênticas, ele estará em condições de aquecimento e de realizar a mnemese dramática da cena nuclear conflitante que fundamenta sua conduta e enfrentá-la com intenção resolutiva.

TÁTICA DE REDISTRIBUIÇÃO

É uma etapa operacional do aquecimento, utilizada em psicodrama quando aparece o protagonista e suspeita-se que ele possa ter sido escolhido como "bode expiatório" (ver BODE EXPIATÓRIO).

O diretor promove então uma nova etapa de aquecimento, para adequar o grupo e aproximá-lo do grau de aquecimento do protagonista. Para conseguir isso, passa a cada um dos outros integrantes do grupo a consigna de que efetuem uma introspecção, que leve cada um a visualizar as próprias coisas que serão apresentadas no trabalho proposto pelo protagonista, no contrato psicodramático (ver CONTRATO DRAMÁTICO); uma vez feita essa introspecção, cada integrante deve comunicá-la ao protagonista escolhido, assegurando assim o compromisso grupal com ele, para que não desenvolva seu trabalho no vazio; então, o resto do grupo, formando a platéia (ver PLATÉIA), poderá vibrar adequadamente diante da ação dramática, como "caixa de ressonância".

A tática da redistribuição garante ao protagonista encarregado a sensação de "não estar sozinho" e de ser, não apenas o gestor de sua própria busca, mas o protagonista de toda a investigação grupal.

TÁTICA PSICODRAMÁTICA

Em psicodrama, estratagema proposto pelo diretor para desestruturar alguma posição rígida no modo de ser vincular dramático do protagonista.

Exemplos clássicos são a teoria do absurdo ou a interpolação de resistência (ver INTERPOLAÇÃO DE RESISTÊNCIA). Esses estratagemas da direção devem ser (em nossa opinião) distinguidos das chamadas técnicas psicodramáticas (por exemplo, inversão de papéis). Estas últimas são propostas feitas ao protagonista (diretamente ou por meio do ego-auxiliar) para que explore seus papéis com a máxima liberdade e aprofunde sua investigação dramática até o espontâneo "dar-se conta" (isso significa respeito por seu próprio tempo).

Como se vê, as táticas são sempre mais arriscadas (mais potencialmente manipuladoras) do que as técnicas. A necessidade de intervir com táticas exige, tanto dos ego-auxiliares quanto dos diretores, impecabilidade instrumental e transparência télica (aqueles que já trabalham há muito tempo com as cenas, sabem que é fácil se enredar, envolvendo algum desejo ou alguma cena própria).

Quanto mais experimentados — e mais trabalhados interiormente —, mais precavidos e respeitosos nos tornamos como diretores de psicodrama, e isso é extremamente positivo. São tantas as atuações disfarçadas sob o manto das "boas intenções táticas", em certas escolas de psicodrama!

TEATRO ESPONTÂNEO

Teatro dedicado ao drama espontâneo, denominado por Moreno Stegreiftheater e fundado em Viena, em 1922, onde ele desenvolveu o **drama do momento** e o **jornal vivo**, antecedentes históricos do psicodrama; que foram os antecedentes históricos sobre os quais se sustentaram as ulteriores reflexões do pai do psicodrama. Quando ainda era estudante de medicina, Moreno já atuava em Viena como diretor dramático e estava envolvido no movimento teatral de sua época. Em sincronicidade com outros diretores (que ele próprio desconhecia, mas que, como Copeau e Antoine na França, Kasan nos Estados Unidos, ou Stanislavski na Rússia), o jovem Jacob reagia contra o teatro romântico decadente ainda muito impetrante em sua época. Envolvido também por tudo aquilo, na tentativa de alcançar uma mudança no teatral, Moreno já tinha idéias inovadoras sobre a revalorização da criatividade em torno da liberação da espontaneidade, no trabalho dramático; assim como a respeito do papel que devia assumir o diretor de cena para favorecer tais transformações. Por outro lado, sua grande sensibilidade perante a dor da alma humana e sua especial preocupação com o fenômeno dos seres isolados, haviam-no levado a observar sistematicamente crianças que brincavam nos parques vienenses. Com o mesmo entusiasmo e com a mesma sensibilidade social, havia passado por experiências muito reveladoras ao trabalhar também com grupos de prostitutas (tratou de persuadi-las, infrutiferamente, a se organizarem em sindicato). Todas essas inquietações batiam no coração do jovem homem de teatro com vocação médica e, mais adiante, psiquiatra. Pois bem, precisamente a partir de todas essas experiências, no âmbito de seu teatro da espontaneidade (ver CASO BÁRBARA), Jacob Levy pôde começar a reflexão que confluiu num sistema metodológico aberto, um modo de pensar e de operar sumamente rico, aplicável ao amplo campo das ciências do homem, que finalmente propôs (com grande entusiasmo e grandeza) a quem quisesse continuar suas investigações. Sustentando-se na filosofia do encontro, do ato e do momento, criou as bases de suas buscas, iniciou a psicoterapia grupal, criou o psicodrama e o sociodrama e deu origem à sociometria. O livro que Moreno dedicou ao teatro espontâneo foi escrito tardiamente: como a maioria de seus outros livros, foi plasmado muito longe daquela experiência teatral original, em íntima colaboração com Zerka Moreno, indiscutível motivadora anônima de seus escritos sistemáticos. Talvez por isso este seu livro seja mais um tratado sobre psicodrama e sociometria do que sobre a metodologia do teatro e da espontaneidade.

Este procedimento teatral, além do reconhecimento histórico por ter sido a matriz fundante de todos os outros procedimentos dele originalmente derivados, merece ser reconsiderado hoje em seu justo e próprio valor, já que continua sendo um modo de proceder autônomo e certamente muito válido. Em muitos círculos especializados está sendo resgatado, investigado e praticado. Giovanni Boria, no "grupo de psicodramatistas morenianos" da cidade de Milão, há tempo vem defendendo sua excelente validade metodológica e o utiliza como procedimento dramático regulado para favorecer o encontro vivencial básico nas jornadas compartilhadas com seus colegas e discípulos, evitando o risco de intromissões desnecessárias na intimidade fantasmática dos participantes do evento, tal como muitas vezes tem ocorrido com a prática inadequada dos "psicodramas públicos". Muitos outros especialistas o preferem e já vêm seguindo essa tendência. No mundo psicodramático brasileiro, por exemplo, no seio da Federação Brasileira de Psicodrama (FEBRAP), é notável o desenvolvimento alcançado. No meio argentino, o Instituto da Cena, com o aval do Centro Junguiano de Antropologia Vincular, vêm sendo desenvolvidos programas de investigação e prática em torno do teatro espontâneo. Sem dúvida alguma, Mario Buchbinder e Elina Matoso, em seu Instituto da Máscara, há muitos anos vêm dando espaço aos rituais lúdicos do mascarar-se e do desmascarar-se, e criando, investigando e ensinando, de maneira muito especial, o teatro espontâneo, suas grandes possibilidades e seus notáveis alcances.

TÉCNICA DO DESMEMORIADO

Camila Salles Gonçalves descreve essa técnica, adaptada às crianças, que consiste em contrariar os traços que o protagonista imprime no contrapapel desempenhado pelo ego-auxiliar, introduzindo uma "amnésia" no personagem. Esse recurso, uma vez aceito pela criança, permite que ela controle as "amnésias", solicitando ao terapeuta que volte ao primeiro contrapapel estabelecido (geralmente estereotipado e repetitivo) ou permaneça no novo contrapapel. A criança pode, assim, dirigir o ego-auxiliar: "Agora você se lembrava" ou "Agora você se esquecia". Por exemplo, a criança pode ter começado sua dramatização pedindo ao terapeuta que interpretasse o papel de uma professora rígida e persecutora. Após "abaixar a cabeça" ou por qualquer pretexto, a professora ficou desmemoriada e se tornou afável, amistosa, colaboradora. Diante da interpolação de resistência, muitas crianças optam por atuar, contracenar com os contrapapéis "antigo" e "novo" desempenhados pelo terapeuta... "Ao assumir a direção, escolhendo o momento em que aparece esse ou aquele personagem, por exemplo, a vítima ou o algoz, o protagonista está mais consciente de suas tendências, mais em contato com o modo como elas atuam sobre sua forma de se relacionar. O **choque dramático**, causado pela resistência do ego-auxiliar ao círculo vicioso facilita o reconhecimento dos aspectos inconscientes dos papéis imaginários. Além disso, deixa de reforçar o papel estereotipado, que não só perde consistência quando não encontra o complementar, mas também deixa de ser satisfeito."

TELE

Faculdade humana de comunicar afetos à distância. Moreno, em sua preocupação de facilitar o estudo dos fenômenos télicos, propõe estudá-los explorando suas proporções em unidades, e por isso chamou de tele a unidade mais simples de afeto transmitida de um indivíduo a outro. Na sociometria (ver SOCIOMETRIA) foram estudadas como fatores sociogravitacionais que operam transpessoalmente de um indivíduo a outro, induzindo-os a estabelecer relações (positivas ou negativas), e assim formando pares, triângulos, círculos, cadeias etc.

O fenômeno tele manifesta-se na vincularidade grupal como energia de **atração, rejeição** e **indiferença**, e evidencia uma permanente atividade de comunicação co-inconsciente e co-consciente. Ele possibilita aos seres humanos — vinculados em constelações afetivas mediante a operação constante das funções pensar-perceber e intuir-sentir de cada um — o "conhecimento" da situação real de cada indivíduo e dos outros na matriz relacional de um grupo.

Quanto à preocupação propriamente sociométrica de Moreno, ele define a tele como "a menor unidade de afeto transmitida de um indivíduo a outro em sentido duplo". Assim, qualquer unidade télica pode ser vista como um *quantum* de comunicação completa, com emissão e mensagem de retorno, no processo afetivo que dá origem ao átomo social (ver ÁTOMO SOCIAL) e às redes vinculares. Mas cada uma dessas unidades télicas, cujo estudo sistemático é proposto, integra-se em um processo afetivo de permanente interação comunicativa, que poderia ser comparado ao conceito de **encontro existencial**.

Nossas próprias investigações (Carlos María Menegazzo) no campo da fenomenologia télica nos permitiram discernir planos de profundidade diferentes no campo comunicativo profundo. Sob o plano **atual** da comunicação — nas palavras de S. Foulkes — também chamada de comunicação **tele-consciente**, sabemos que há outros planos de comunicação.

No segundo plano situa-se o subconsciente, amplamente estudado pela psicanálise e pela hipnose. Entre este plano subconsciente e um terceiro, assim como entre este plano e o primeiro (o atual), atuam duas censuras.

O terceiro plano de profundidade télica (já subentendido no estrato inconsciente) funciona como um dirigente relacional. Esse plano comunicativo equivale, no modelo descrito por Carl Gustav Jung, ao que ele chamou de instâncias arquetípicas da *anima* e do *animus*, atuando no inconsciente coletivo.

O quarto plano de profundidade do campo télico é chamado de plano protetor. No modelo junguiano, equivale à chamada sombra: plano francamente energético em que se manifestam as motivações ou os impulsos inter-relacionais de agressão e defesa.

É no quinto plano de aprofundamento no campo télico que começa aquilo que, no modelo junguiano, foi chamado de "si mesmo". Hoje, a partir das mais recentes investigações no campo da antropologia vincular e da fenomenologia télica profunda, sabemos um pouco mais a respeito. Sabemos, por exemplo, que no sexto plano se manifestam potencialidades motivacionais que são verdadeiros tesouros culturais do registro inconsciente ancestral, pessoal e coletivo; tesouros de sabedoria legados de geração para geração, por intermédio da família, do clã e da etnia, e que regem profunda e convenientemente nossas condutas e nossas interações vinculares. Além disso, o campo do télico profundo não termina neste sexto plano; estamos trabalhando na investigação de outros seis planos ainda mais profundos. No total (contando o plano consciente ou real do cotidiano), são doze os planos de comunicação télica. O conceito de tele complementa-se com o de transferência (ver TRANSFERÊNCIA).

Segundo Moysés Aguiar, é possível redefinir o conceito de tele a partir de uma perspectiva sistêmico-relacional, atribuindo a ele a conotação de espontaneidade coletiva. Nesse caso, descreveria o tipo de articulação que se estabelece entre indivíduos que participam de uma dada situação, que pode ser ou não espontâneo-criativa. Tal concepção envolve aspectos perceptivos, motores, afetivos, cognitivos, culturais, sociais, simultaneamente e como fenômenos grupais. Não se aplicaria, portanto, à compreensão dos indivíduos em particular.

TEORIA DA CENA

Nome dado por Carlos Martinez Bouquet ao conjunto de afirmações por ele propostas e que dão sustentação teórica e fundamentam seu enfoque psicodramático e psicanalítico, do fenômeno dramático denominado cena (ver CENA). Na verdade, se há um fenômeno que caracterize por excelência o fenômeno dramático, é, sem dúvida, a cena. A teoria da cena parte principalmente de uma afirmação inaugural, concebendo esse fenômeno dramático básico não como uma unidade totalizante — como poderia parecer a uma perspectiva ingênua —, mas como fenômeno essencialmente duplo. O autor sustenta que é possível definir no processo dramático cinco etapas para desvelar e revelar a cena oculta no âmbito manifesto (ver PROCESSO DA CENA). Ele ainda postula a existência de três planos ou registros, nos quais se manifestam o fenômeno dramático e o drama humano em geral (ver CRIATIVIDADE, METABOLISMO DOS SIGNIFICADOS).

TESTE DE ESPONTANEIDADE

Teste dramático utilizado originalmente por Moreno, que tem como objetivo explorar, no cenário, a intensidade da espontaneidade posta em jogo na interação entre os protagonistas e seus complementares. Com esse teste se manifestam as ações e reações, sua intensidade, e as emoções em jogo.

Tudo isso pode ser explorado quando os protagonistas são colocados perante situações dramáticas imprevistas, para as quais não estão previamente preparados. Isso permite observar as energias liberadas e a espontaneidade conseguida nas interações e suas manifestações emocionais.

Esse teste continua sendo útil quando se deseja explorar a matriz socioemocional de um grupo, em um determinado momento; especialmente nas situações em que se pode inferir estruturações sociométricas rígidas (ver ESPONTANEIDADE).

TESTE DE EXPANSIVIDADE AFETIVA

É um teste sociométrico que permite a mensuração da energia afetiva de uma pessoa, numa determinada situação vincular e num momento específico do processo grupal. Ele avalia a força de manutenção e captação que o integrante do grupo estudado retém carismaticamente dos outros indivíduos de sua mesma constelação grupal por um determinado período. Permite, por exemplo, revelar quantos integrantes de um grupo respondem à coordenação de um líder, levando em conta a aplicação da lei dos terços (ver JOGOS DE PAPEL) e sua rede de atrações, rejeições e indiferenças, seus fenômenos de fusão e estudar as mutualidades (correta ou incorretamente) percebidas.

TESTE DE IMPROVISAÇÃO

É uma técnica dos procedimentos dramáticos (psicodrama, sociodrama, jogos de papel). Nela o protagonista representa, no cenário, papéis e situações imaginadas, fantasiadas e desejadas, manifestando em tais dramatizações sua personalidade. É um teste dramático.

TESTE DE SITUAÇÃO

É um teste dramático com o qual se explora a matriz relacional em uma dada situação. Ele estuda as integrações espaçotemporais, os movimentos e os deslocamentos, os atos e suas pausas. Explora também as palavras ditas ou não ditas, reparando em sua quantidade e também o contrário, sua escassez. Explora também, em seus mínimos detalhes, as experiências e os gestos (na Argentina, Solanas realizou trabalhos muito detalhados nessa linha, com espelho ou vídeo). Esse teste estuda especificamente a cena, seu início, sua evolução e seu apogeu. Explora seu conteúdo, seus episódios e os personagens que nelas intervêm. Assim como estuda os personagens dos episódios, estuda também as "ausências", que se tornam presentes pela evidência, por seu peso dramático na cena. Desse modo, e por meio dessas situações de teste, permite inferir das histórias a tendência a repertórios dramáticos complexos, latentes no pano de fundo da cena.

TESTE DO PAPEL

É um teste dramático que mede o comportamento por meio de suas dramatizações, com base na concepção de que um papel é sempre uma unidade de conduta cultural. Ele revela o grau de diferenciação que um determinado protagonista chegou em sua cultura, e também dá idéia de sua visão peculiar de seu horizonte cultural. Mede, conseqüentemente, o quociente cultural de um protagonista, seu momento evolutivo e sua idade cultural, dando idéia de sua capacidade plástica para transgredir positivamente os aspectos infantis desse horizonte cultural, transcendê-lo e crescer, seguindo o mandato de sua fome de transformação (ver FOME DE TRANSFORMAÇÃO), apesar dos entraves, repressões, negações e censuras que qualquer cultura promove, paralelamente ao condicionamento positivo de seus múltiplos tesouros.

TESTE DO PRIMEIRO ENCONTRO

Com essa técnica, é investigada a personalidades de pessoas que não se conheciam antes do experimento e estudado dramaticamente seu comportamento no cenário.

É uma técnica dramática muito útil para a seleção de pessoal e para a formação de equipes institucionais. Esse teste também foi utilizado em clínica hospitalar nos chamados grupos "de espera", permitindo completar o diagnóstico inicial, assim como os critérios e indicações de conformação grupal para as terapias.

TESTE PARENTAL

Teste sociométrico para a escolha de pais ou avós em comunidades compostas por indivíduos que não os possuem (penitenciárias, asilos, clínicas de internação etc.).

TESTE SOCIOMÉTRICO

Baseado nos conceitos de atração (positivo), rejeição (negativo) e indiferença (neutro), o teste sociométrico é o método de investigação que observa as redes vinculares de uma determinada população e indicam a forma e a intensidade com que se produzem. Pode-se usar o teste tanto em grupos terapêuticos, para estudar sua estrutura, quanto em grupos de trabalho, para modificar suas formas. Consiste, primeiramente, em fazer um aquecimento (ver AQUECIMENTO) e, depois, em procurar o critério sociométrico (ver CRITÉRIO SOCIOMÉTRICO) que será usado no caso. Realizando um gráfico das configurações observadas, monta-se o sociograma (ver SOCIOGRAMA).

TRANSFERÊNCIA

A teoria psicodramática considera a transferência uma patologia da tele (ver TELE).

Terapeuticamente falando, a corrente psicanalítica freudiana considera transferência "o processo em virtude do qual os desejos inconscientes atualizam-se em objetos, no interior de um determinado tipo de relação com eles estabelecida e, de modo especial, na relação analítica. Tais atualizações correspondem a protótipos infantis vividos com um sentido marcante de realidade. Classicamente, é o terreno em que se desenvolve a problemática da cura, caracterizando-se pela instauração, modalidades, interpretação e resolução da transferência". Os trabalhos de Breuer levaram Freud a pensar na influência da relação médico-paciente no processo da cura, e aquilo que, a princípio, era um obstáculo, uma resistência, logo passou a ser o instrumento da cura. Há uma instância de tempo e espaço: um passado com desejos rejeitados; um presente, no contexto analítico, que é uma reedição de tais desejos na pessoa do médico. A transferência é a manifestação de um desejo inconsciente; a interpretação, aqui, é a instância transformadora.

Moreno diferencia transferência e tele: diz que "a relação tele é o processo interpessoal geral, e a transferência é uma excrescência psicopatológica especial". Sociometricamente, as instâncias de atração, rejeição e indiferença entre indivíduos diferentes não se devem todas a transferências simbólicas, mas a certas realidades que a outra pessoa personifica ou representa. Para Moreno, atuam no processo de cura o fator tele e o fator espontaneidade (ver ESPONTANEIDADE). A transferência seria um obstáculo.

Na terapia de grupo, S. Foulkes dá à transferência outra hierarquia, definindo que, no grupo, há quatro planos transferenciais distintos:

Plano real: o grupo como representação da realidade exterior, onde o terapeuta aparece como líder ou autoridade;
Plano transferencial: onde ocorrem os processos de tipo transferencial antes sintetizados; o terapeuta é figura parental;
Plano projetivo: onde o mecanismo predominante é a identificação projetiva de objeto parcial, com todos os conceitos kleinianos que a essas projeções se referem;

Plano primordial: onde há manifestações próprias do inconsciente da família, do clã e da raça, com projeções primordiais, pré-biográficas, ancestrais, arquetípicas e akásicas, estudadas por Carl Gustav Jung, pelos junguianos na antropologia vincular e pela psicologia transpessoal.

TRILOGIA DA CULPA

A observação dramática centrada no desenvolvimento dos papéis, em sua espontaneidade e seus entraves, permite inferir quando uma conduta humana é trabalhada ou cerceada pela culpa.

Na antropologia vincular, apelando para o desenvolvimento de uma de suas vertentes (teoria psicanalítica das relações objetais), consideramos como emoções básicas o desejo, a culpa e a angústia.

O medo e o pânico, por exemplo, são emoções decorrentes da culpa, porque qualquer sensação de culpa dramaticamente irresoluta — que não pôde ser transformada, pela compreensão, em responsabilidade — se converte em profundo pânico ou medo do castigo, geralmente encoberto.

Em psicodrama, trabalhar dramaticamente é, essencialmente, ir em busca do desejo, da angústia e da culpa, através de outras emoções, como, por exemplo, a inveja e o ciúme. No que se refere à culpa, esse trabalho nos indicou os rastros de uma trilogia que a manifesta — se soubermos interpretá-la na linguagem das condutas humanas. "O corpo grita o que a mente não pode ou não quer compreender"; e os labirintos da vida também nos falam com maior ou menor veemência daquilo que não soubemos interpretar. Qualquer função fisiológica, assim como qualquer ação livre, criadora e responsável, produz alegria e gozo pela auto-realização. Sempre que um ato, um interjogo ou uma inter-relação que deveria produzir alegria não atinge o clima esperado, é porque um medo ou um pânico está travando e, se os descobrimos, estamos em condição de descobrir também a culpa subjacente.

Na interação vincular, sempre que um papel é dificultado, esse entrave deve-se ao medo. Quando um papel não pode ser desempenhado por estar cerceado ou diretamente impossibilitado, podemos inferir que estamos às voltas com um profundo pânico e, por trás, na profundidade, está a culpa.

A trilogia da culpa é a seguinte: dificuldade ou impossibilidade de gozar; dificuldade ou impossibilidade de escolher; dificuldade ou impossibilidade de se valorizar e progredir.

TROCA DE PAPÉIS

(Ver INVERSÃO DE PAPEL.)

U

UNIDADE DRAMÁTICA

É um conceito elaborado pelas disciplinas dramáticas. Deve ser entendido como a menor porção de devir em que pode ser subdividido o processo da ação dramática e na qual os opostos conflitantes (ver CONFLITO DRAMÁTICO) são da mesma natureza. Cada vez que o protagonista muda seu objetivo, altera-se dramaticamente a **natureza dos opostos** e se conclui uma unidade para dar início a outra, enquanto a ação continua.

V

VERTENTE MOTIVACIONAL

Também chamada de psicologia das motivações. Em psicodrama, é o mergulho operacional nas cenas nucleares conflitantes (ver CENA NUCLEAR CONFLITANTE), para tentar sua reestruturação pelo processo de integração catártica, e obter assim a reinstauração do indivíduo no desenvolvimento natural de sua liberdade, espontaneidade, criatividade e transformação evolutiva.

VÍNCULO

Esta palavra, derivada do latim e transmitida às nossas línguas modernas, mantém em castelhano sua dupla acepção original, significando ao mesmo tempo **atadura** e **compromisso**. No idioma italiano (toscano), falar de vínculos é somente sinônimo de cordas ou de laços, como no nome do templo católico San Pietro in Víncoli. Em outros, idiomas, vínculo só pode ser traduzido pelo termo relação.

Depois de Freud, Moreno, com seus trabalhos e seus escritos sobre vincularidade, foi um verdadeiro pioneiro da psicologia do relacional. A teoria dos papéis, a sociometria e o seu conceito de matriz (ver MATRIZ), sem dúvida alguma demonstram isso. Ademais, devemos aos estudos de Carl Gustav Jung e seus seguidores, a abertura do **relacional** para as dimensões abismais do **transpessoal**.

Hoje, para estudar profundamente o vincular, é necessário e imprescindível superar certos dogmatismos e somar vários esforços de investigação. Promovendo esse trabalho de síntese e mediando um amplo caminho de articulações, Carlos María Menegazzo vem propondo denominar antropologia vincular a disciplina que reúne, num só corpo integrado, esses veios conceituais tão essenciais. É necessário fazer certo esforço se quisermos superar definitivamente a ultrapassada visão individualista e racionalista que calou excessivamente fundo na visão ocidental do homem. Se estamos decididos a acompanhar a autêntica capacidade de transformação de nossos pacientes e se nos escolhemos comprometidamente (a nós mesmos) nesse mesmo caminho de individuação relacional, devemos apelar para um verdadeiro **salto epistemológico**. É necessário recorrer aos novos **paradigmas** da moderna filosofia da ciência, a uma epistemologia que dê justo valor não só ao **pensar** e ao **perceber** do homem, mas também às suas funções muito humanas do **intuir** e **sentir**. Só desse modo será possível compreender e dar melhores razões diante dos profundos horizontes dos humanos. A antropologia vincular (ver ANTROPOLOGIA VINCULAR) já compreendeu hoje que **a unidade humana é o vínculo** e não os pólos singulares daqueles que integram cada relação. **A individualidade é uma ilusão. O par humano é unidade bipolar**; é "átomo de humanidade" e não a soma de suas unidades individuais. Assim como os orientais nunca deixaram de ter em conta, hoje, no Ocidente, também reconhecemos que o feminino e o masculino são partes essenciais de uma só **totalidade**. Tampouco o grupo humano está formado por unidades individuais; é o conjunto e a integração de cada um dos vínculos estabelecidos que palpitam dentro do mesmo grupo. Cada grupo é uma **constelação afetiva** composta por muitas unidades relacionais entretecidas umas às outras, formando como que uma rede. Essas **redes vinculares** constituem, em seu conjunto, o estofo comunicativo que as mantém unidas. Cada elo humano é algo como um dos múltiplos nós de alguma rede. Falando de outro modo, assim como cada par ou díade é um átomo, cada grupo se comporta à maneira de uma **molécula de humanidade**, no interior do **tecido social** mais amplo. Essas constelações humanas se mantêm como tais precisamente porque estão em constante intercomunicação afetiva. Comunicações que se estendem, de cada elo e de maneira muito profunda, a muitos outros nós da rede; graças aos vínculos que cada integrante relacional mantém com outros grupos humanos. Desse modo vai-se constituindo esta trama ampla de comunidade relacional. Assim como as células formam tecidos, os grupos humanos constituem comunidades, e cada parte, que é por sua vez um todo, sempre está contida numa totalidade maior. Portanto, como se pode ver, nunca estamos isolados na verdade, e nossa percepção de isolamento na individualidade é mera ilusão relacional. Somos permanentemente pólos de relação. Estamos sempre imersos nos vínculos, desde o momento mesmo de nossa concepção até nossa morte (nesse vale de sorrisos e lágrimas onde impera a dimensão espaço-tempo). Ainda mais, o vincular impera para além do espaço-tempo, nas dimensões infinitas da realidade do **cosmo**. O que geralmente nos ocorre sem nos darmos conta é porque somente nosso **subconsciente** e nosso **inconsciente**, para falar de uma maneira clássica, tendem a vibrar em integração direta com níveis tão sutis. Nós, os homens, como assegurava Cassirer, somos seres culturais e, assim como recebemos a vida e a transmitimos, também recebemos e transmitimos nossa cultura de maneira **genética, ancestral** e **arquetípica**. Assim, portanto, tanto a vida como a cultura nos vêm dadas, graças à vincularidade. Por tudo isso, hoje, a antropologia vincular concebe as relações humanas, os vínculos, como **campos comunicativos**, em que se desenvolvem as interações dinâmicas do consciente e do inconsciente. Atualmente, sabemos com bastante clareza que o inconsciente (assim como o consciente) não tem expressão absoluta na **interioridade** de uma pessoa. E mais ainda, não há tal interioridade, assim como tampouco existe a **exterioridade**; o que de fato ocorre são nossas vivências e nossas experiências. Hoje os conceitos de **intrapsíquico** e de **interpsíquico** devem ser revisados e superados. São muito mais apropriados, hoje, à luz da nova epistemologia, os termos **íntimo**, compreendido como o pessoal, e **compartilhado**, no sentido do interpessoal. Aquilo que, no Ocidente, ainda denominamos "inconsciente", **cria-se e se dá nos vínculos**. Unicamente aí, em plena matriz relacional, é onde vamos descobrir seus fenômenos, que são, além disso, sempre fenômenos de comunicação. É importante saber que a articulação entre nosso consciente e nosso inconsciente, que é aquilo que define a **autenticidade** da relação com nós mesmos, é a base diretora para uma comunicação adequada com a natureza e com o mundo; assim como a garantia de uma abertura autêntica para o **encontro** com os demais.

Voltando agora, novamente, à teoria dos papéis e à sociometria, disciplinas que integram a antropologia vincular, denomina-se vínculo a interrelação entre dois ou mais indivíduos, que em seu conjunto estruturam um átomo social (ver ÁTOMO SOCIAL). Nesse mesmo sentido, Moysés Aguiar, do âmbito teórido do psicodrama brasileiro, nos propõe considerar o vínculo em três categorias diferentes: o vínculo atual, o residual e o virtual. Essas três categorias podem ser encontradas praticamente em todos os átomos, e só deveriam ser consideradas transferenciais quando desconhecidas. Um dos objetivos da investigação psicodramática é precisamente revelá-las.

Vínculo atual: assim se denomina a inter-relação entre os indivíduos concretos que participam de uma situação dada, mesmo que alguns estejam eventualmente ausentes.

Vínculo residual: seria a relação estabelecida com indivíduos que se retiraram, por morte física ou por afastamento vincular definitivo, dessa rede concreta de relações, mas continuam, contudo, analogicamente presentes na relação fantasmática, graças ao imaginário dos participantes, aqueles que continuam presentes.

Vínculo virtual: é a relação vivencial estabelecida com certos protótipos, figuras arquetípicas, personagens fictícios ou simplesmente distantes (o príncipe encantado, o padrinho, o conselheiro, o caudilho etc.).

W

WARMING UP

(Ver AQUECIMENTO, etapa de.)

Z

ZONA

Os conceitos de zona e de foco são, em psicodrama, de tipo espacial ou topológico. Evidentemente, Moreno os extraiu de disciplinas diferentes. No campo médico, por exemplo, fala-se de zona inflamada e de foco de infecção. Em artes plásticas surgiu a palavra grupo, como continua a ser usada em pintura, escultura e fotografia: zona é o núcleo semântico da figura.

Em psicodrama, zona é o espaço focal de seu iniciador físico (ver INICIADOR). Por exemplo, o mamilo materno e a boca do bebê delimitam e configuram a zona para o papel psicossomático de ingeridor. A zona é, como podemos ver, o *locus* nuclear de cada iniciador físico acionado no processo de aquecimento, para chegar ao *status nascendi* de um papel, tanto no caso deste estar surgindo pela primeira vez, em um ato fundante, quanto para preparar um estado espontâneo, quando o papel em questão está se reeditando e se pretende chegar a ele com criatividade.

O estado de espontaneidade é sempre um componente essencial à configuração adequada de um papel. Os atos maternos de cuidado e de preparação do mamilo, assim como o próprio ato de segurar o bebê ternamente recostado em um dos braços, são iniciadores físicos do papel ingeridor. Em todas essas ações, a boca do filho e o mamilo materno mantêm uma pequena distância real dentro da zona. Quando essa distância se transforma em virtual e todos os componentes da zona coincidem em um ponto ou foco (ver FOCO), a zona entra na ação definitiva, que dramaticamente denominamos ação resolutiva ou integradora.

No cenário psicodramático, sempre que tentamos a reestruturação de uma cena nuclear conflitante, preparamos a zona utilizando inversões dos papéis modificadores e a realidade complementar; trabalhamos no foco para conseguir os choques e os encontros integradores necessários para reestruturar os mitos negativos e resgatar as percepções positivas, que sempre estão inscritos em algum outro plano co-implicante da vincularidade.

BIBLIOGRAFIA

ABBAGNANO, Nicola. *Filosofia de lo posible*. México. Fondo de Cultura Económica. 1959.

———. *Introducción al existencialismo*. México. Breviarios del Fondo de Cultura Económica. 1962.

———. *Diccionario de filosofia*. México. Fondo de Cultura Económica. 1963.

———. *Existencialismo positivo*. Buenos Aires. Paidós. 1964.

AGUIAR, Moysés. *Teatro da Anarquia, um resgate do psicodrama*. Campinas. Papirus. 1988.

ALBIZURI DE GARCIA, Olga e outros. *Escenas, sueño y psicodrama*. Buenos Aires. Ed. Proyecto Cinae-Docencia. 1982.

ANZIEU, Didier. *El psicodrama analítico en el niño*. Buenos Aires. Paidós. 1961.

BLEGER, José. *Psicologia de la conducta*. Buenos Aires. Centro Editor de America Latina. 1972.

BLEIYE, Magdalena. *Nuestra incómoda libertad*. Buenos Aires. Troquel. 1968.

BORIA, Giovanni. "Ruoli e contruoli nella prospettiva dei bisogni di fusionalista e d'individuazione", em *Psicodrama*. Milão. Assoc. Italiana di Psicodrammatisti Moreniani. 1983.

———. *Tele manuale di psicodramma classico*. Milão. Angeli Franco. 1983.

———. *Fusionalita e individuazione nel processo di ruolo*. Milão. Edizione Studi di Psicodramma. 1980.

_____. *Spontaneità e incontro nella sita e negli scritti di J. Levy Moreno.* Pádua. 1991.
BOSS, Medard. *Psicoanalisis y analítica existencial.* Barcelona. Cientifico Medica. 1958.
BOWLBY, John. *Cuidados maternos y salud mental.* Buenos Aires. Humanitas. 1964.
_____. *El vínculo afectivo.* Buenos Aires. Paidós. 1976.
_____. *La separación afectiva.* Buenos Aires. Paidós. 1976.
_____. *La perdida afectiva, tristeza y depresión.* Buenos Aires. Paidós. 1983.
BUBER, Martin. *Que es el hombre.* México. Fondo de Cultura Económica. 1964.
_____. *Yo y tu.* Buenos Aires. Nueva Vision. 1979.
BUCHBINDER, Mario J. *Creatividad y mascaras en grupos de adolescentes.* Buenos Aires. Temas Grupales. 1988.
BUSTOS, Dalmiro. *El test sociometrico (Fundamentos, Técnica y Aplicaciones).* Buenos Aires. Vancu. 1980.
_____. *Significación del encuentro en psicoterapia psicodramática.* Relato para "Jornadas de Psicodrama". Instituto Psicodrama Buenos Aires e Instituto de Psicodrama la Plata. Mar del Plata. 1981.
_____. *El psicodrama: aplicaciones de la técnica psicodramática.* Buenos Aires. Plus Ultra. 1974.
_____. *Psicoterapia psicodramática.* Buenos Aires. Paidós. 1975.
_____. *Perigo... amor à vista!* São Paulo. Alef. 1990.
_____. *Novos rumos em psicodrama.* São Paulo. Ática. 1992.
CALVENTE, Carlos. *Psicodrama.* Relato para "Jornadas de Psicodrama". Instituto Psicodrama de Buenos Aires y Instituto de Psicodrama la Plata. Mar del Plata. 15-17 outubro. 1981.
CAMYALLI, José. *Manual de psicopatologia.* Buenos Aires. Universidad de Belgrano. Buenos Aires. 1983.
CASTELLO DE ALMEIDA, W. *Psicoterapia aberta.* São Paulo. Ágora. 1992.
COSSIO, Carlos. *La teoria egologica del derecho y los conceptos jurídicos de libertad.* Buenos Aires. Abeledo Perrot. 1964.
CULLEN, Carlos. *El nosotros como fundamento de la experiencia humana.* Conferencia Inaugural VI Encuentro de Psicodrama y 1ª Jornada Interdisciplinaria del Instituto Psicodrama. Buenos Aires. 1983.
_____. *Reflexiones desde America I — ser y estar el problema de la cultura.* Buenos Aires. Fundación Ross.
_____. *Reflexiones desde America III — yo y nosotros, el problema de la etica y la antropologia en latinoamerica.* Buenos Aires. Fundación Ross.
_____. *Libertad y terror* (Lógica del terror e historia de la libertad). Participación al grupo Codisciplinario de Antropologia Filosofica. Buenos Aires. Inst. Psicodrama. Proyecto Cinae-Buenos Aires. 1984.
_____. *El mito como problema teórico.* Participación al grupo Codisciplinario de Antropologia Filosofica. Buenos Aires. Inst. Psicodrama Buenos Aires. Proyecto Cinae-Buenos Aires. 1983.

DUPETIT, Susana. *La adiccion y las drogas*. Buenos Aires. Salto. 1983.
ERIKSON; ACKERMAN; BACH; MORENO; DICKS; POTTASH. *Técnicas de psicoterapia en acción*. Buenos Aires. Horme. 1974.
EY, Henry. *La conciencia*. Madri. 1967.
FARRE, Luis. *Antropologia filosófica: el hombre y sus problemas*. Madri. 1968.
FATONE, Vicente. *Introducción al existencialismo*. Buenos Aires. Columbia. 1962.
──────────. *El hombre y dios*. Buenos Aires. Columbia.
FONSECA, J. S. *Psicodrama da loucura*. São Paulo. Ágora. 1980.
FOULKES, Sigmund H. *Analisis terapeutica di gruppo*. Turim. Boringhieri. 1967.
FREUD, Sigmund. *Totem y Tabu, in Obras Completas*. Madri. Biblioteca Nueva. 1948.
──────────. *Mas alla del principio del placer, in Obras Completas*. Tomo I. Madri. Biblioteca Nueva. 1948.
──────────. *El malestar en la cultura*. Buenos Aires. Amorrortu Editores. 1930.
──────────. *Lo siniestro. T. XVIII 1924*. Rueda. 1953.
──────────. *La organización genital infantil, 1923, in Obras Completas*. Madri. Biblioteca Nueva. 1948.
──────────. *Teorias sexuales infantiles, 1908, in Obras Completas*. Madri. Biblioteca Nueva. 1948.
──────────. *Tres ensayos sobre una teoria sexual, 1905, in Obras Completas*. Madri. Biblioteca Nueva. 1948.
FROMM, Erich. *Psicoanalisis de la sociedad contemporanea*. México. Fondo de Cultura Económica. 1956.
──────────. *El amor a la vida*. Barcelona. Paidós. 1988.
GELTMAN, Pedro. *El mito de la ciencia y el conocimiento del hombre*. Participación al Grupo Codisciplinario de Antropologia Filosófica del Instituto Psicodrama Buenos Aires y el Proyecto Cinae. Buenos Aires. 1983.
GONÇALVES, Camila Salles (org). *Psicodrama com crianças: uma psicoterapia possível*. São Paulo. Ágora. 1988.
GREENBERG, Ira A. *Fundamentos y normas del psicodrama*. Buenos Aires. Horme. 1977.
──────────. *Técnicas del tratamiento psicodramático*. Buenos Aires. Horme. 1978.
──────────. *Técnicas del tratamiento psicoanalítico*. Buenos Aires. 1989.
GRIMAL, Pierre. *Diccionario de la mitologia Grieco-Romana*. Buenos Aires. Labor. 1965.
GRIMBERG, León. *Teoria de la identificación*. Paidós. Buenos Aires. 1976.
HARTMANN, Heinz. *Psiconalisis y valores morales*. México. Pax. 1969.
HARTMAN, Robert S. *La estructura del valor*. México. Fondo de Cultura Económica. 1959.
──────────. *El conocimiento del bien*. México. Fondo de Cultura Económica. 1965.
HEGEL. *Fenomenologia del espíritu*. México. Fondo de Cultura Económica. 1966.

HESSEN, Juan. *Teoria del conocimiento*. Buenos Aires. Losada. 1938.
HUSSERL, E. "Fenomenologia y antropologia". *Cuadernos de Filosofia* IV. Instituto de Filosofia. Buenos Aires. 1950.
JASPERS, Karl. *Filosofia de la existencia*. Madrid, 1968.
JUNG, Carl Gustav. *Ey yo y el inconsciente*. Barcelona. Miracle. 1933.
_____. *Il problema dell inconscio nella psicologia moderna*. Bari. Laterza. 1942.
_____. *Lo inconsciente*. Buenos Aires. Losada.
_____. *Los complejos y el inconsciente*. Madri. Alianza Editorial, 1969.
_____. *Recuerdos, sueños y pensamientos* (1961). Barcelona. Seix Barral. 1971.
_____. *Energetica y psiquica y esencia del sueño*. Buenos Aires. Paidós. 1976.
_____. *Simbolos de transformación*. Buenos Aires-Barcelona. Paidós. 1982.
_____. *Psicologia y simbolica del arquetipo*. Buenos Aires. Paidós. 1977.
_____. *Formaciones de lo inconsciente*. Buenos Aires-Barcelona. Paidós. 1982.
_____. *Psicologia y religión*. Buenos Aires. Paidós. 1981.
_____. *La psicologia de la transferencia*. Buenos Aires. Paidós. 1978.
_____. *Arquetipos e inconsciente coletivo*. Buenos Aires. Paidós. 1977.
JUNG, Carl Gustav; WILHELM, R. *El secreto de la flor de oro*. Buenos Aires-Barcelona. Paidós. 1982.
KAES, Rene. *L'apparato pluripsichico, construccion del gruppo*. Roma. Armando Armando. 1983.
KESSELMAN, H; PAVLOSKI, E.; FRYALEWSKY, L. *Las escenas temidas del coordinador de grupo*. Madri. Fundamentos. 1978.
KIERKEGAARD, Soren. *El concepto de la angustia*. México. 1952.
_____. *Tratado de la desesperación*. Buenos Aires. Santiago Rueda. 1976.
_____. *La enfermedad mortal* (1849).
_____. *Temor y temblor* (1843).
KLEIN, Melanie. *El desarrollo de la formación de símbolos en el desarrollo del yo*. Buenos Aires. Horme-Paidós. 1971.
_____. *La personificación en el juego de los niños*. Buenos Aires. Horme-Paidós. 1971.
KLEIN, Melanie e outros. *Psicologia infantil y psicoanalisis de hoy*. Buenos Aires. Paidós. 1958.
KUSCH, Rodolfo. *La America profunda*. Buenos Aires. Bonum. 1975.
LAING, R. D. *El yo dividido*. México. Fondo de Cultura Económica. 1964.
LAING, R.; PHILLIPSON, H.; LEE, R.. *Percepción interpessoal*. Buenos Aires. Amorrortu. 1978.
LAPIERRE, Andre; AUCOUTURIER, B. *Il corpo e l'inconscio educazione e terapia*. Roma. Armando Armando. 1983.

LEMOINE, Paul y Gennie. *Una teoria del psicodrama*. Buenos Aires. Granica. 1974.

_____. *Jugar — Gozar*. Espanha. Gidesa. 1980.

MALDAVSKY, David. *El complejo de Edipo positivo: constitución y transformaciones*. Buenos Aires. Amorrortu. 1982.

MANDRIONI, Hector Delfos. *Un camino entre la poeticidad y la tecnicidad*, em: El Sistema Educativo Hoy (Congresso Latinoamericano de Educación). Docencia. Proyecto Cinae. Buenos Aires. 1983.

_____. *Sobre el amor y el poder*. Docencia. Proyecto Cinae. Buenos Aires. 1986.

MAREQUE, E. *Lineas fundamentales del pensamiento de Rodolfo Kush*. Buenos Aires. Centro Estudios Latinoamericanos. 1982.

MARINEAU, René F. *Jacob Levy Moreno, 1889-1974, father of psychodrama, sociometry and group psychotheraphy*. Tavistock. Routledge. Londres e Nova York. 1989.

MARTINEZ BOUQUET, Carlos María. "La respuesta afectiva del analista en función de su ubicación en la escena". *Rev. Arg. de Psicologia*. Buenos Aires. 1976.

_____. *Fundamenos para uma teoria del psicodrama. Contribución a una descripción de lo imaginario*. México. Sigilo XXI. 1977.

_____. "Teoria de la escena. Una apertura a las técnicas no verbales". *Revista de psicoanalisis*. Buenos Aires. 1976.

_____. Theory of the scene in the individual and the group — Actas VII Congresso Internacional de Psicoterapia de Grupo. Copenhague, Ed. por PINES, M. y RAFAELSEN, L. Nova York. Plenum 1982.

MARTINEZ, B.; MOCCIO, F.; PAVLOVSKY, E. *Psicodrama psicoanalítico en grupos*. Buenos Aires. Kargierman.

MAY, Rollo; SCHACHTER, Stanley. *La angustia normal y patológica*. Buenos Aires. Paidós. 1968.

_____. *Fuentes de la violencia*. Buenos Aires. Emece. 1974.

MENEGAZZO, Carlos María. El programa psicodramático. Relato al Congreso Latinoamericano. Punta del Este. Uruguai. 1970.

_____. *El desarrollo dramático del processo de identidad (El modelo evolutivo dramático de Moreno)*. Plan Aprendizaje Psicodramático. Buenos Aires. Instituto Arturo A. Ameghino. 1976.

_____. *El quehacer de un director de psicodrama: la búsqueda de la escena nuclear conflictiva y el concepto de catarsis de integración*. Buenos Aires. Instituto Psicodrama. 1979.

_____. *Magia, mito y psicodrama*. Buenos Aires. Paidós. 1981.

_____. El concepto de escena nuclear conflictiva, em "Escena, Suenos y Psicodrama". Docencia. Proyecto Cinae. Buenos Aires. 1982.

_____. El vínculo como matriz de la creatividad de lo cotidiano, em VI Encuentro de Psicodrama y I Jornada Codisciplinaria El Hombre y sus Vinculos. Buenos Aires. 1983.

_____. *Un punto de partida. (Por que interesa el mito de los argonautas)*. Participación al Grupo Codisciplinario Antropologia y Psiquiatria. Instituto Psicodrama. Buenos Aires. 1983.

_____. *Procesos elaborativos profundos en psicodrama.* Buenos Aires. Centro Bibliografico Fundación Vínculo. 1983.
_____. *Escenas, mitos, modos de ser y modos de vincular-se.* Pres. Grupo Codisciplinario de Antropologia Filosófica. Instituto Psicodrama Buenos Aires. Proyecto Cinae. Buenos Aires. 1983.
_____. *Vínculo y comunicación en psicodrama* (Relación Terapeuta-Individuo-Grupo PANEL) VII Congresso de I.A.G.P. México, 22-27 Abril, 1984.
_____. *La integración catartica segun la teoria de los roles.* VIII Congresso I A G.. México, 1984.
_____. "El significado de la enfermedad y el sentido de la cura". *Cuaderno psiconeuroimmunobiologia y antropologia vincular.* Centro Bibliografico Fundacion Vinculo. Buenos Aires. 1985.
_____. "Del sufrimiento a la esperanza". *Revista Nueva Tierra.* Ano 1. n? 2. fevereiro. 1988.
_____. *Antropologia vincular* (aulas gravadas). 1988-1989. Centro Bibliografico Fundación Vínculo. Buenos Aires. 1989.
_____. "Una lectura psicodramática profunda de los laberintos vinculares". *Revista Argentina Psicodrama y Técnica Grupal,* n? 4, Ano V, abril. Soc. Argentina de Psicodrama. Buenos Aires. 1989.
_____. *El abordaje a la arqueologia de la intimidad.* Temas grupales. Cinco. Buenos Aires. 1988.
_____. *Umbrales de plenitud.* Buenos Aires. Ed. Fundación Vínculo. 1991.
MENEGAZZO, Carlos María; ZURETTI, Mónica. *Nuestra modalidad de trabajo.* Relato: Jornadas de Psicodrama, 1980. Plan Educación continuada. Instituto de Psicodrama. Buenos Aires. 1980.
MERLEAU PONTY, Maurice. *Phénomenologie de la perception.* Paris. Gallimard. 1945.
_____. *La fenomenologia y las ciencias del hombre.* Buenos Aires. Nova. 1964.
_____. *Filosofia y lenguaje: estudios y ensayos fundamentales.* Buenos Aires. Proteo. 1969.
MINKOWSKI, E. *El tiempo vivido* (1938). México. Fondo de Cultura Económica. 1973.
MORENO, Jacob Levy. *Society and the science of man.* Beacon House. Beacon. 1956.
_____. *Psicodrama.* Buenos Aires. Horme. 1961.
_____. *Sociometry experimental method and the science of society.* Beacon. 1951.
_____. *The first psicodramatic family.* Beacon. Beacon House. 1964.
_____. *Psicoterapia de grupo y psicodrama.* México. Fondo de Cultura Económica. 1966.
_____. *Las bases de la psicoterapia.* Buenos Aires. Horme. 1967:
_____. *The words of the father.* Nova York. Beacon. 1971.
_____. *The teatre of spontaneity.* Nova York. Beacon.
_____. *Psichodrama.* Nova York. Beacon House. 1977.

_____. *Psicomusica y sociodrama*. Buenos Aires. Horme-Paidós.
_____. *Who shall survive*. Nova York. Beacon House. 1978.
_____. *Sociometry*. Nova York. Beacon House. 1940.
MORENO, Jacob L. e outros. *Group psichotherapy; A symposium*. Nova York. Beacon House. 1945.
MORENO, J. L.; ENNEIS, James M. "Hypnodrama and psychodrama". *Psychodrama Monographs*. n° 27. Nova York. Beacon House. 1950.
MORENO, J. L., MORENO, Zerka Toeman. *Psichodrama. Action therapy y principles of practice*. Nova York. Beacon House. 1975.
MORENO, Zerka; MORENO, J. L.; BORIA, G. *Introduzione allo psicodrama moreniano*. Brescia. Centro Psicoter. 1979.
MUDEL, Benjamin N. *Moreno e o Hadissismo*. São Paulo. Ágora. 1994
NAFFAH NETO, Alfredo. *Psicodrama — descolonizando o imaginário*. São Paulo. Brasiliense. 1979.
PACI, Enzo. *La filosofia contemporánea*. Buenos Aires. Eudeba. 1961.
PAVLOVSKY, Eduardo. *Reflexiones sobre el proceso creador*. Buenos Aires. Proteo. 1976.
PAVLOVSKY, E., KESSELMAN, H. *Espacios y creatividad*. Buenos Aires. Busqueda. 1980.
PAVLOVSKI E., MOCCIO, F. e MARTINEZ BOUQUET. *Cuándo y porqué dramatizar*. Madri. Fundamentos. 1979.
PERAZZO, Sergio. *Descansem em paz os nossos mortos dentro de mim*. Rio de Janeiro. Francisco Alves. 1986.
_____. "O caráter ambivalente das paixões". *Psicodrama*, ano IV, agosto 1992, n° 4 — publicado também em *Vínculos*, Espanha, n° 4, 1992.
_____. "Percurso transferencial ou reparação". *Temas*, ano XVIII, n° 32/33/1987: 127-148.
PIAGET, Jean. *La rappresentazione del mondo nel fanciullo*. Turim. Einaudi, 1955.
_____. *La formación del símbolo en el niño*. México. Fondo de Cultura Económica, 1961.
_____. *Seis estudios de psicologia*. Barcelona. Seix Barral. 1967.
_____. *Estudios de psicologia genetica*. México-Buenos Aires. Emece. 1973.
_____. *Psicologia de la inteligencia*. Buenos Aires. Psique. 1976.
_____. *La construcción de lo real en el niño* (1937). Buenos Aires. Nueva Vision. 1976.
PICHON RIVIERE, Enrique. *Del psicoanalisis a la psicologia social*. Buenos Aires. Nueva Vision. 1977.
_____. *Teoria del vínculo*. Buenos Aires. Nueva Vision. 1979.
PICHON RIVIERE, Enrique e outros. *Temas de psicologia social*. Buenos Aires. Cinco. 1982.
PRINI, Pietro. *Gabriel Marcel y la metodologia de lo inverificable*. Barcelona. Luis Miracle. 1963.
_____. *La paradoja de Icaro (La educación del deseo y la necesidad*. Docencia. Proyecto Cinae. Buenos Aires. 1982.
_____. *Discurso y situación (El lenguaje de la razón)*. Docencia. Proyecto Cinae. Buenos Aires. 1982.

PROGOFF, Ira. *La psicologia de C.G. Jung y su significación social.* Buenos Aires. Paidós. 1967.

PUNDIK, J., PUNDIK M. A. D. de. *Introducción al psicodrama y a las nuevas experiencias grupales.* Buenos Aires. Paidós. 1974.

REBOK, Maria Gabriela. *Propuesta de una antropologia desde la vincularidad* — Actas del Tercer Congreso Nacional de Filosofia (1980) Tomo II. 1982.

_____. *La transvaloración: un desafio a la cultura* — Participación al Grupo Codisciplinario de Antropologia Filosófica. Buenos Aires. Instituto Psicodrama y Proyecto Cinae, 1983.

RICOEUR, Paul. Teoria y practica en psicoanalisis, in *Del Existencialismo y la Filosofia del Lenguaje.* Buenos Aires. Docencia. Proyecto Cinae. 1983.

_____. *Hermeneutica y acción.* Docencia. Proyecto Cinae. Buenos Aires. 1985.

RICOEUR, Paul e outros. *Del existencialismo a la filosofia del lenguaje.* Docencia. Proyecto Cinae. Buenos Aires. 1983.

ROJAS BERMUDEZ, Jaime. "Introducción al nucleo del yo" *Cuadernos de Psicoterapia,* Vol. XI. 1 e 2; Vol. XII 1 e 2 junho 1976- maio 1977 — 1977.

_____. *Nucleo del yo — Genitor.* Buenos Aires, 1979.

ROMERO, Francisco. *Filosofia de la persona.* Buenos Aires. Losada. 1944.

_____. *Teoria del hombre.* Buenos Aires. Losada. 1958.

ROMERO, Jose Luis. *La cultura occidental.* Buenos Aires. Columbia. 1961.

ROTBART, Alejandro e BLANCHOD, S. *Una modalidad de trabajo en psicodrama* — Relato para jornadas de psicodrama 1981 del IPBA e I.P. La Plata 15-16-17. Outubro. 1981.

RUYER, Raymond. *La filosofia del valor.* México. Fondo de Cultura Económica. 1969.

SANCHEZ CABALLERO, Horacio. *Los caminos de la indivuación.* Buenos Aires. Cinae. 1983.

SANTOS, Luis Martín. *Libertad, temporalidad y transferencia en el psicoanalisis existencial.* Barcelona. Seix Barral. 1975.

SARTRE, Jean Paul. *El ser y la nada.* Buenos Aires. Ibero Americana. 1961.

_____. *Los caminos de la libertad.* Buenos Aires. Losada. 1965.

SAURI, Jorge J. *La aparición del psicodrama en el panorama de las ideas psiquiatricas.* Seminarios del Instituto de Psicodrama. Buenos Aires. 1979.

_____. "El aparejo conceptual del psicodrama" em *Psicodrama. Aportes a una teoria de los roles.* Buenos Aires. Docencia. Proyecto Cinae. 1979.

SCHELER, Max. *Esencia y formas de la simpatia.* Buenos Aires. Losada, 1957.

_____. *El puesto del hombre en el Cosmos.* Buenos Aires, Losada.

_____. "Etica". *Revista de Occidente.* Madri. 1956.

_____. *Idealismo y realismo.* Buenos Aires. Nova. 1963.

SCHUTEZENBERGER, Anne Anceline. *Introducción al psicodrama en sus aspectos técnicos.* Madri. Aguilar. 1970.

SIBONY, Daniel. *Le groupe inconscient.* Paris. Christian Bourgois. 1980.

SLAVSON, S. R. *Tratado de psicoterapia grupal analítica.* Buenos Aires. Paidós. 1976.
SPITZ, Rene. *No y si.* Buenos Aires. Horme. 1966.
SPITZ, Rene A. *El primer ano de vida del niño.* Buenos Aires. Fondo de Cultura Económica. 1985.
STOCK WHITAKER, Dorothy, LIBERMAN Morton, A. *Psicoterapia de grupo.* Buenos Aires. Troquel. 1969.
STOLA, Enrique O. *Psicodanzoterapia* — Taller para las jornadas de psicodrama 1981 del IPBA y el I.P. La Plata, 15-17 out. Mar del Plata. 1981.
TEILHARD DE CHARDIN, Pierre. *La energia humana.* Madri. Taurus. 1963.
TOMASINI, Miguel Angel. *La girandula de las cuatro funciones y la espiral del saber.* Relato para los seminarios de Epistemologia del Instituto de Psiconeuroinmunobiologia y el Circulo de Antropologia Vincular. Maio. 1988. Buenos Aires. Centro Bibliografico de la Fundación Vínculo.
──────────. *Carl Gustav Jung, Jacobo Levy Moreno y Gregory Bateson, la articulación de tres lineas de reflexión para repensar las ciencias de la vida.* Relato para los seminarios de Epistemologia del Instituto de Psiconeuroinmunobiologia y el Circulo de Antropologia Vincular. Setembro. 1989. Buenos Aires. Centro Bibliográfico de la Fundación Vinculo.
TOSTO, Enrique. *La escena faltante. Escenas, Suenos y Psicodrama.* Buenos Aires. Ed. Docencia. Proyecto Cinae, 1979.
USANDIVARAS, Raul. *Lider, detective y chaman.* Buenos Aires. Docencia. 1984.
──────────. *Grupo, pensamiento y mito.* Buenos Aires. Eudeba. 1982.
──────────. "Un mito como modelo de grupo: el viaje de los argonautas". *Acta Psiquiatrica Psicol. América Latina.* 23-12-77.
VERA OCAMPO, Silvia. *Los roles femenino y masculino.* Buenos Aires. Grupo Editor Latinoamericano. 1987.
VERNON, M.D. *Psicologia de la percepción.* Buenos Aires. Horme. 1967.
VICENTE, Héctor. *Psicodrama y gestalt.* Algunas coincidencias en el pensamiento de J.L. Moreno y Fritz Perls — Relato al VI Enc. de Psicodrama. Buenos Aires. Instituto Psicodrama Buenos Aires. 1983.
VON GEBSATTEL, Viktor. *Antropologia medica.* Madri. Rialp. 1966.
VON GEBSATTEL, Viktor e outros. *Antropologia de la alienación.* Venezuela. Monte Avilas. 1970.
WENK, César A. *Antropologia bíblica y psicodrama.* Córdoba. Ediciones del autor. 1974.
──────────. *Psicodrama y epistemologia.* Córdoba. Ediciones del autor. 1980.
──────────. *Sinopsis cronologica del jasidismo al psicodrama de Moreno.* Córdoba. Ediciones del autor. 1985.
──────────. *La influencia jasidica en el psicodrama de Moreno.* Tesis de doctorado Universidad de Belgrano. 1985.
WINNICOTT, D. W. *Realidad y juego.* Barcelona. Gedisa. 1979.
──────────. *El gesto espontaneo.* Buenos Aires. Paidós.
──────────. *Los bebes y sus madres.* Buenos Aires. Paidós.
──────────. *El niño y el mundo externo.* Buenos Aires. Horme 1980.

_____. *El proceso de maduración en el niño* (1965), Espanha. Laia. 1979.

_____. *La familia y el desarrollo del individuo*. Buenos Aires. Horme. 1980.

_____. *Clinica psicoanalítica infantil*. Buenos Aires. Horme. 1980.

WOLFF, Charlotte. *Psicologia del gesto*. Barcelona. Luis Miracle. 1954.

ZURETTI, Mónica. *El desarrollo del rol de psicodramatista*. Plan de educación continuada. Buenos Aires. Instituto Psicodrama Buenos Aires. 1979.

_____. *Átomo cultural — átomo social perceptual y átomo social real y sus desarrollos en psicodrama*. Plan de educación continuada. Buenos Aires. Instituto de Psicodrama Buenos Aires. 1979.

_____. "El átomo social perceptual (Campo operativo del psicodrama" in: *El psicodrama, aportes a una teoria de los roles*.) Buenos Aires. Docencia. Proyecto Cinae. 1982.

_____. Proceso psicodramático. Participación al grupo codisciplinario de antropologia psiquiátrica del Instituto de Psicodrama y Proyecto Cinae. Buenos Aires. 1983.